Heut basteln wir mit
Pappe und Papier

Ursula Barff · Jutta Maier

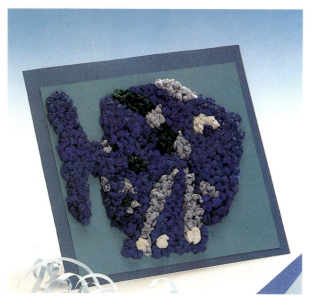

Heut basteln wir
mit Pappe
und Papier

Im FALKEN Verlag sind zahlreiche Bücher mit Bastelanregungen erschienen. Hier eine Auswahl:
„Malen und Basteln" (4402), „Tischkarten" (0946) „Weihnachtsbasteleien" (0667), „Advent und Weihnachten" (4260) „Origami" (0756, 0805 und 0280), „Scherenschnitt" (0732) „Hobby Drachen" (0767), „Bastelbuch für Kinder" (4254).

Außerdem gibt es die Videokassette „Basteln mit Kindern" (6041), VHS.

Das Nachbilden der Modelle ist ausschließlich zum privaten Gebrauch gestattet. Alle in diesem Buch veröffentlichten Modelle sind urheberrechtlich geschützt und dürfen nur mit ausdrücklicher Genehmigung des Verlages gewerblich genutzt und ausgewertet werden.

CIP-Titelaufnahme der Deutschen Bibliothek

Barff, Ursula:
Heut basteln wir mit Pappe und Papier / Ursula Barff; Jutta Maier. – Niedernhausen/Ts.: Falken-Verl., 1988
   (FALKEN Sachbuch)
   ISBN 3-8068-4413-5
NE: Maier, Jutta:

ISBN 3 8068 4413 5

© 1988/1989 by Falken-Verlag GmbH, 6272 Niedernhausen/Ts.
Titelbild: Isabella Wirth, Niedernhausen
Fotos: Photo-Design-Studio Gerhard Burock, Wiesbaden-Naurod; Thomas Pfündel, Stuttgart (S. 182)
Wolfgang Zöltsch, Pool Fotostudios, Griesheim, unter Verwendung eines Fotos von Foto-Design-Studio Gerhard Burock, Wiesbaden-Naurod (S. 8);
Zeichnungen: Annette Bienkowski, AS-Design, Offenbach; Beatrice Hintermaier, Pinzenau; Ilse Agnes Stockmann-Sauer, AS-Design, Offenbach
Die Ratschläge in diesem Buch sind von Autor und Verlag sorgfältig erwogen und geprüft, dennoch kann eine Garantie nicht übernommen werden. Eine Haftung des Autors bzw. des Verlages und seiner Beauftragten für Personen-, Sach- und Vermögensschäden ist ausgeschlossen.
Satz: Grunewald Satz + Repro GmbH, Kassel
Druck: Appl, Wemding

817 2635 4453

Vorwort

Nun liegt es also vor, unser zweites Bastelbuch, bei dem wir uns ganz auf Bastelvorschläge mit Pappe und Papier konzentriert haben. Und wer das Buch durchblättert, der wird schnell feststellen, daß gerade diese beiden Materialien so vielseitige Möglichkeiten der Verarbeitung bieten, daß es durchaus gerechtfertigt ist, mit solchen Bastelvorschlägen ein ganzes Buch zu füllen.

Die Auswahl der im Handel erhältlichen Papiersorten ist riesig, und alle haben ihre Besonderheiten. Da gibt es glänzende und matte Papiere, dünne und dicke, glatte und solche mit einer rauhen Oberfläche – und alle erfordern eine spezielle Art der Verarbeitung.

Die meisten Papiersorten gibt es zudem in den unterschiedlichsten Farben, was besonders Kinder sehr anspricht. Ganz nebenbei können sie bei der Arbeit mit bunten Papieren ihr Farbempfinden schulen und entwickeln.

Papier hat als Bastelmaterial außerdem noch den Vorteil, daß es leicht und in der Regel billig zu beschaffen ist und sich auch ohne große Platzprobleme lagern läßt.

Alle Bastelvorschläge in diesem Buch sind bestimmten Themenkreisen zugeordnet, so daß jeder für jeden Anlaß und jede Jahreszeit schnell etwas Passendes finden kann. Damit die Bastelarbeiten auch mit Spaß und Erfolg zu Ende geführt werden können, sind die Vorschläge innerhalb der einzelnen Kapitel nach ihrer Schwierigkeit geordnet. Wer also eine leichte, schnell fertigzustellende Bastelarbeit sucht, sollte sich jeweils unter den ersten Vorschlägen der einzelnen Kapitel umsehen. Aber egal, ob man sich nun eine anspruchsvolle und kniffelige Bastelei aussucht oder lieber etwas Einfaches herstellt – das Erlebnis, etwas Eigenes geschaffen zu haben, wird auf jeden Fall eine ganz besondere Freude sein.

Wir wünschen deshalb allen, die die Vorschläge dieses Buches nacharbeiten oder sich von ihnen zu eigenen Kreationen anregen lassen, viel Spaß und Erfolg!

Die Autorinnen

Inhaltsverzeichnis

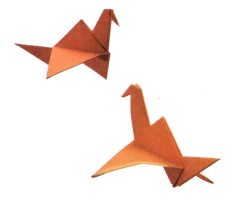

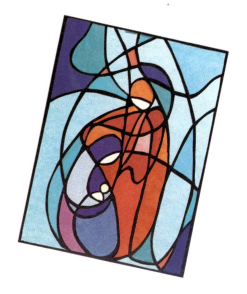

Kleine Materialkunde

Papier und Pappe sind die Ausgangsmaterialien für alle in diesem Buch vorgestellten Bastelarbeiten. Da es eine ganze Reihe unterschiedlicher Sorten, die auch verschieden verwendet und verarbeitet werden, gibt, haben wir alle in diesem Buch benutzten Papiere in alphabetischer Reihenfolge in der folgenden Tabelle zusammengestellt. Neben dem Namen, unter dem die Papiere in den Fachgeschäften gehandelt werden, stehen die wichtigsten Eigenschaften sowie Verwendungsmöglichkeiten der einzelnen Papiersorten sowie ein Hinweis, wo und in welcher Abpackung man sie kaufen kann.

Eine Auswahl von im Handel erhältlichen Papieren

Papiersorte	Eigenschaften und Tips	Bezugsquellen und Abpackung
Buntpapier	Gibt es in allen Farben, Vorderseite bunt und glänzend, Rückseite gummiert; läßt sich gut reißen und schneiden	Als Einzelbögen oder als Farbsortiment in Mappen in Schreibwaren- und Bastelgeschäften erhältlich
Butterbrotpapier	Milchig durchsichtig, dünn; kann statt Pergamentpapier verwendet werden, hat aber nicht dessen Stabilität und Reißfestigkeit	Als Rolle in Lebensmittelgeschäften erhältlich
Drachenpapier	Gibt es in allen Farben, glänzend, lichtdurchlässig, reißfest; kann durch Transparentpapier ersetzt werden	Als Bögen in Bastelgeschäften erhältlich
Faltpapier	Gibt es fertig zugeschnitten in allen Farben, dünn; kann durch Origamipapier ersetzt werden	In Schreibwaren- und Bastelgeschäften in verschiedenen Größen und Formen (quadratisch, rechteckig, rund) in abgepackten Paketen erhältlich
Fotokarton	Gibt es in allen Farben, dünner, biegsamer Karton	Als Einzelbögen in Bastel- und Schreibwarengeschäften erhältlich
Geschenkpapier	Verschiedene Farben und Muster, glänzend und matt, Vorderseite farbig, Rückseite weiß	Als Rollen oder Einzelbögen in Schreibwarengeschäften erhältlich
Glanzpapier (siehe Buntpapier)		
Goldfolie	Metallisch glänzend, einseitig oder beidseitig beschichtet, gibt es in den Farben Gold, Silber, Rot, Grün und Blau; sehr stabil, fest, empfindlich gegen Knicke	Als Rollen in Bastel- und Schreibwarengeschäften erhältlich

Papiersorte	Eigenschaften und Tips	Bezugsquellen und Abpackung
Japanpapier	Gibt es in unterschiedlichen Farben, sehr saugfähig, stark gemasert; reißfest	Als Einzelbögen in Schreibwaren- und Bastelgeschäften erhältlich
Karton	Gibt es in vielen Farben, sehr fest; kann durch Pappe ersetzt werden	Als Einzelbögen in Schreibwarengeschäften erhältlich
Kohlepapier	Zum Durchpausen der Vorlagen, Vorderseite glatt, Rückseite schwarz färbend; kann öfter benutzt werden	Abgepackt in Schreibwarengeschäften erhältlich
Kreppapier	Gibt es in allen Farben, dehnbar, reißfest; färbt in Verbindung mit Flüssigkeiten und Klebstoff	In Rollen im Bastelgeschäft erhältlich
Metallfolie (siehe Goldfolie)		
Origamipapier	Gibt es in allen Farben, Vorderseite bunt, Rückseite weiß, stabil, dünn; kann durch Faltpapier ersetzt werden	In Bastelgeschäften als Bögen oder fertig zugeschnitten als Pakete erhältlich
Pappe	Meist grau oder braun, aber auch eingefärbt erhältlich, sehr fest; kann durch Karton ersetzt werden	Als Einzelbögen in Schreibwarengeschäften erhältlich; das Sammeln von Verpackungsmaterial lohnt sich aber
Pauspapier (siehe Kohle- und Schneiderkopierpapier)		
Pergamentpapier	Milchig durchsichtig, dünn, reißfest; kann bei manchen Arbeiten durch Butterbrotpapier ersetzt werden	In Schreibwarengeschäften als Rollen oder in verschiedenen Größen erhältlich
Plakatkarton	Einseitig beschichteter, fester Karton, in verschiedenen Farben erhältlich	Als Einzelbögen (50 x 70 cm) in Schreibwarengeschäften erhältlich
Schneiderkopierpapier	Zum Durchpausen von Vorlagen, Vorderseite glatt, Rückseite weiß färbend; kann öfter benutzt werden	In Handarbeitsgeschäften erhältlich
Scherenschnittpapier	Vorderseite schwarz, Rückseite weiß, dünn	In Bastelgeschäften in verschiedenen Größen als Bögen erhältlich
Schreibpapier oder Schreibmaschinenpapier	Weiß, glatt	Genormte Größe DIN A 4, in Schreibwarengeschäften erhältlich
Seidenpapier	Gibt es in allen Farben, sehr dünn, leicht durchsichtig; läßt sich sehr gut reißen und knüllen; färbt in Verbindung mit Flüssigkeiten und Klebstoff	Als Einzelbögen (70 x 50 cm) in Bastelgeschäften erhältlich
Silberfolie (siehe Goldfolie)		
Tonpapier	Gibt es in allen Farben, stabiler, dünner, biegsamer Karton	In verschiedenen genormten Größen als Einzelbögen oder als Farbsortiment in Bastelgeschäften erhältlich
Transparentpapier	Gibt es in allen Farben, lichtdurchlässig, reißfest; kann durch Drachenpapier ersetzt werden	Gibt es als Einzelbögen oder als Farbsortiment in Bastelgeschäften
Tyvek	Gibt es in allen Farben, papierähnliches Bespannungsmaterial für Drachen, Vorderseite bunt und glänzend, Rückseite weiß; reißfest, sollte mit Kunststoffkleber geklebt werden	Als Rollen oder Bögen in Drachenläden oder Hobbygeschäften erhältlich
Zeichenpapier	Weiß, leicht rauhe Oberfläche, fest, nimmt Farbe gut an	In Schreibwaren- und Bastelgeschäften als Blöcke erhältlich

Hilfsmittel

Zur Herstellung der meisten in diesem Buch zusammengestellten Bastelarbeiten brauchen wir neben Papier und/oder Pappe auch noch andere Hilfsmittel. Besonders wichtig und bei Arbeiten mit Papier eigentlich unentbehrlich sind die Schneidewerkzeuge. Eine Schere hat eigentlich jeder im Haus, und damit lassen sich ja die meisten Schneidearbeiten erledigen. Wer allerdings öfter basteln möchte, sollte sich die folgenden Werkzeuge anschaffen – und sie am besten ganz für das Schneiden von Papier und Pappe reservieren:
– große Schere
– kleine, spitze Schere
– kleine, gebogene Nagelschere
– Papiermesser

Immer wieder brauchen wir außerdem:
– weiche Bleistifte
– Radiergummi
– Spitzer
– Lineal
– Dreieck
– Zirkel

Viele der Formen, die ausgeschnitten und weiterverarbeitet werden, müssen wir sauber und genau vorzeichnen, und das geht am einfachsten mit den oben beschriebenen Hilfsmitteln.

Um die komplizierten Formen, die sich nicht mit Lineal und Zirkel konstruieren lassen, abpausen zu können, brauchen wir außerdem einige Bögen Pauspapier.

Weiterhin sollten wir immer einen Vorrat an Klebstoff im Haus haben, denn bei den meisten Basteleien muß an irgendeiner Stelle geklebt werden. Wir haben überwiegend mit Pritt Bastelkleber gearbeitet, der nicht nur ausgezeichnet klebt, sondern auch auswaschbar ist, falls ein ungeschickter Bastler sich im Eifer des Gefechts einmal die Kleidung beschmutzt.

Ebenfalls recht häufig brauchen wir Nadel und Faden – meist reicht eine mittelgroße Nadel und schwarzes oder weißes Nähgarn –, um an den fertigen Arbeiten eine Aufhängung anzubringen.

Mit dieser Grundausstattung können wir schon viele Bastelvorschläge verwirklichen. Was wir sonst noch an Hilfsmitteln oder zusätzlichen Materialien brauchen, ist bei jedem Bastelvorschlag extra aufgeführt und variiert von Objekt zu Objekt. Es ist auf jeden Fall sinnvoll, sich vorher den Materialzettel genau durchzulesen und alle Dinge, die für die Herstellung der Arbeit erforderlich sind, bereitzulegen oder – falls man sie nicht im Hause hat – sie zu besorgen. Das erspart einem die unangenehme Überraschung, daß man mitten in der schönsten Arbeit aufhören muß, weil die passenden Zutaten nicht vorhanden sind.

Eine weitere wichtige Voraussetzung für das Gelingen der Arbeit ist ein ausreichend großer, gut beleuchteter Arbeitsplatz, an dem alle Bastelutensilien übersichtlich und griffbereit angeordnet werden können. Da Papier in der Regel sehr wasserempfindlich ist, ist beim Arbeiten mit Wasser (oder auch Tapetenkleister) ein stabiler, kippsicherer Behälter empfelenswert.

Gegen Verschmutzung und Beschädigung – zum Beispiel beim Arbeiten mit einem Papiermesser – schützen wir unseren Arbeitsplatz durch eine stabile Unterlage, die entweder aus einer entsprechend großen Pappe oder aus ein paar Lagen Zeitungen bestehen kann.

Zum Schluß noch ein Tip für diejenigen, die oft und gerne mit Papier basteln: Es lohnt sich, eine „Restekiste" anzulegen, in der man bunte Papierstücke und alte Pappen sammelt. Denn oft bleiben bei den Bastelarbeiten Papierreste übrig, die zu schade sind, um sie wegzuwerfen. Auch besonders schöne Geschenkpapiere kann man sammeln und beim Basteln dann wiederverwenden.

Das Abpausen von Vorlagen

Nicht jeder ist ein Zeichenkünstler, und so kommt es nicht selten vor, daß eine Bastelarbeit nicht so ausfällt, wie man es sich vorgestellt hat, nur weil es mit dem Zeichnen nicht so hingehauen hat. Deshalb haben wir in dieses Buch für alle schwierig zu zeichnenden Dinge Abpausvorlagen aufgenommen. Diese Vorlagen stehen entweder direkt bei dem Objekt oder, wenn der Platz an dieser Stelle nicht ausgereicht hat, auf den Musterbögen ab Seite 217. Vorlagen, die größer als das Buchformat sind, finden wir auf einem extragroßen Vorlagebogen hinten im Buch.

Grundsätzlich gibt es zwei Möglichkeiten, Vorlagen abzupausen:

Das Abpausen mit Pergamentpapier

Pergamentpapier ist ein durchscheinendes, festes Papier, das es im Schreibwarengeschäft zu kaufen gibt. Auch Architekturbüros arbeiten viel mit dieser Papierart, und man kann unter Umständen dort kostenlose Pergamentpapierabfälle bekommen. Statt Pergamentpapier kann man aber auch Butterbrotpapier benutzen. Bei dieser Art des Abpausens erhalten wir allerdings eine seitenverkehrte Vorlage, was aber bei zweifarbigem Papier keine Rolle spielt, da wir die Arbeit ja wenden können.

1. Wir legen das Papier auf die Vorlage, die wir abpausen wollen, und ziehen mit dem Bleistift die Linien nach. Dabei achten wir darauf, daß sich das Abpauspapier nicht verschiebt.

2. Bevor wir das Papier wegnehmen, kontrollieren wir, ob wir auch alle Linien wirklich nachgezogen haben. Dann erst entfernen wir unser Pergamentpapier von der Vorlage.

3. Wir wenden das Papier und legen es auf die Pappe oder das Papier, auf das die Vorlage übertragen werden soll. Die mit Bleistift gezogenen Linien liegen nun auf dem neuen Papier.

4. Mit kräftigem Druck ziehen wir die Linien nun alle nochmals nach. Da wir mit weichem Bleistift gearbeitet haben, haften dabei die ersten Linien auf dem Papier oder der Pappe, und das gewünschte Muster erscheint. Wir kontrollieren, ob wir auch alle Striche nachgezogen haben, und können unser Bild dann ausschneiden.

Das Abpausen mit Pauspapier

Pauspapier gibt es in Schwarz und Weiß. Schwarzes Pauspapier – auch Kohlepapier genannt – erhält man im Schreibwarengeschäft, da es normalerweise zum Anfertigen von Durchschlägen von Briefen verwendet wird. Weißes oder helles Pauspapier (Schneiderkopierpapier) gibt es im Bastel- oder Handarbeitsgeschäft. Mit diesem Papier wollen wir arbeiten, wenn wir eine Vorlage auf einen dunklen Untergrund durchpausen wollen. Beide Pauspapierarten können so oft verwendet werden, bis die Beschichtung abgenutzt ist.

1. Zuunterst legen wir das Papier oder die Pappe, auf die wir die Vorlage übertragen wollen. Darauf kommt das Kohlepapier, und zwar so, daß es mit der färbenden Seite auf unserem Papier oder der Pappe liegt. Zuoberst legen wir die Vorlage, die wir abpausen wollen.

2. Damit sich beim Abpausen nichts verschiebt oder wegrutscht, sollten wir die drei Blätter mit Büroklammern zusammenhalten.

3. Nun ziehen wir mit dem Bleistift die Linien unserer Vorlage nach. Sie übertragen sich direkt auf die Unterlage. Bevor wir unser Pauspapier wegnehmen, kontrollieren wir nochmals, ob wir auch keine Linie vergessen haben. Das durchgepauste Bild kann dann ausgeschnitten werden.

Selbstgemachte Grußkarten

Nichts gegen das Telefon:
Es ist eine praktische Einrichtung.
Festlicher jedoch ist es, zu besonderen
Anlässen eine Karte zu verschicken.
Gerade wenn sie mit viel Liebe selbst
hergestellt ist, wird bestimmt jeder
Empfänger hoch erfreut sein.
Anlässe für einen Kartengruß, für eine
Einladung, eine Benachrichtigung oder für
Glückwünsche gibt es eigentlich genug:
Man möchte mit Freunden ein Fest feiern,
teilt Bekannten den Wohnungswechsel
oder Verwandten ein freudiges Ereignis
mit. Die Vielfalt der Anlässe ist natürlich
so groß, daß wir nur eine kleine Auswahl
treffen konnten. Doch wir sind sicher:
Wer in dem Buch weiterblättert, wird
noch manche Anregung für seine
originelle Karte finden.

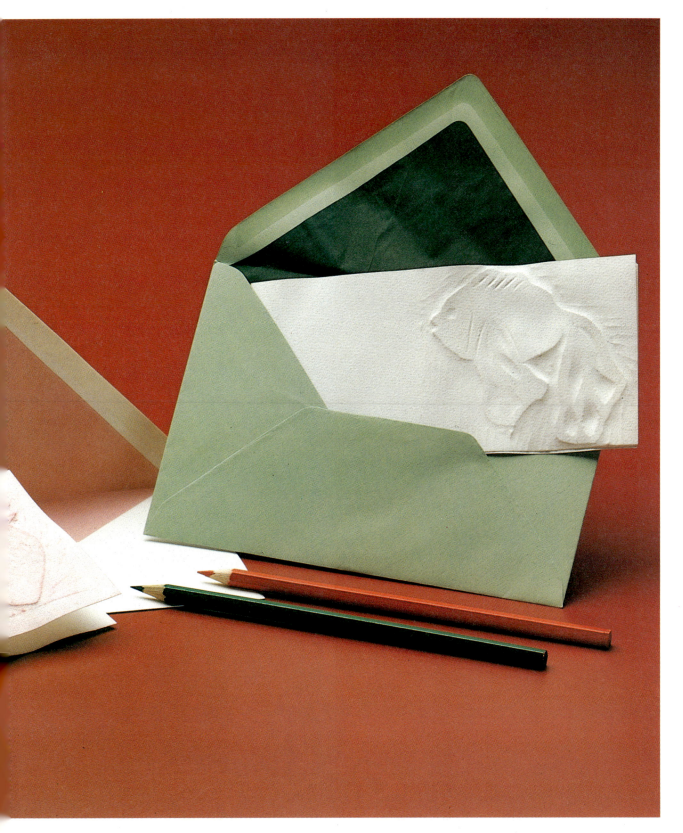

Einladung zum Grillfest

Erhält man eine solche Einladung zu einem Grillfest, ist einem sofort klar: hier geht's um die Wurst!

- 1 Bogen hellbraunes Tonpapier (DIN A4)
- 1 Bogen dunkelbraunes Tonpapier (DIN A5)
- Pauspapier
- Bleistift
- Schere
- brauner Filzstift
- Pritt Bastelkleber

1. Zuerst falten wir das hellbraune Tonpapier auf die Hälfte zusammen.

2. Darauf pausen wir den Kreis für das Brötchen so ab, daß er mit der gestrichelten geraden Linie genau an der Faltkante anliegt. (Abpausen von Vorlagen siehe Seite 11.)

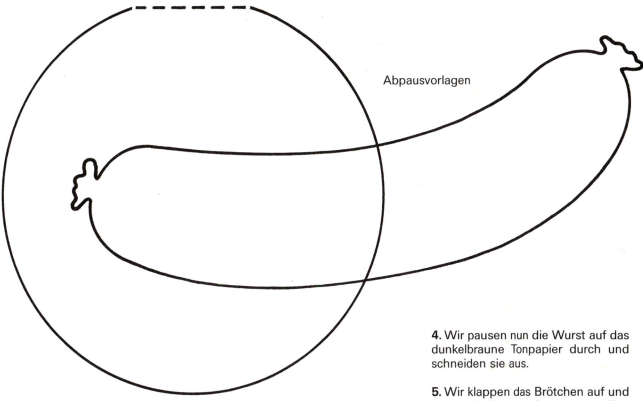

Abpausvorlagen

4. Wir pausen nun die Wurst auf das dunkelbraune Tonpapier durch und schneiden sie aus.

5. Wir klappen das Brötchen auf und kleben die Wurst auf den unteren Teil. Zum Schluß wird noch der Einladungstext verfaßt. Nach Möglichkeit schreibt man ihn so auf die Wurst, daß man ihn erst sieht, wenn man die Karte aufklappt.

Von der Faltkante her schneiden wir den Kreis aus. Dabei ist darauf zu achten, daß die beiden Brötchenhälften nicht auseinandergeschnitten werden, an der gestrichelten Linie bleiben sie zusammen.

3. Nun bestimmen wir frei nach Augenmaß die Mitte des Brötchens und malen dort mit dem braunen Filzstift einen dicken Punkt auf. Von diesem Punkt ausgehend zeichnen wir noch 4 bis 5 kurze Wellenlinien auf. Das Brötchen hat jetzt einen Deckel und einen Boden.

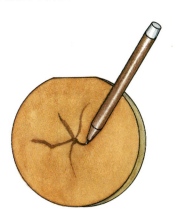

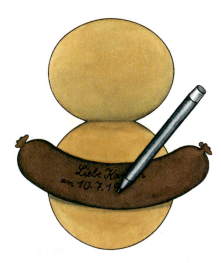

- 1 Bogen helloranges
  Tonpapier
  (etwa 16 x 16 cm)
- 1 Bogen dunkeloranges
  Tonpapier
  (etwa 16 x 16 cm)
- Untertasse
- Bleistift
- Schere
- Pritt Bastelkleber
- 1 Blatt weißes Schreib-
  papier (DIN A4)
- 1 kleines Stück grünes
  Tonpapier

Orangenkarte

Das Originelle an dieser Karte ist, daß man seine Einladung erst einmal herausschälen muß. Die Orange kann dann auch schon der Hinweis auf den Höhepunkt des Festes sein, wie zum Beispiel auf eine Orangenbowle oder ein Früchtefondue.

1. Wir legen die Untertasse je einmal auf das hellorange und dunkelorange Tonpapier auf, umfahren sie jeweils mit dem Bleistift und schneiden beide Kreise aus.

2. Den hellorangen Kreis bestreichen wir auf einer Seite großflächig mit Pritt Bastelkleber und kleben ihn auf das weiße Schreibpapier. Rundherum schneiden wir das überstehende weiße Papier sorgfältig weg. Nun haben wir eine Orangenschale mit einer orangen Außenhaut und einer weißen Innenhaut.

3. Das abgerundete Ende der Schere drücken wir nun so oft in das Tonpapier ein, bis es so viele Vertiefungen hat, daß es der typischen Oberflächenstruktur einer Orangenschale ähnlich sieht.

4. Wir zeichnen nun mit dem Bleistift auf der weißen Rückseite die einzelnen Schalenstücke etwa so ein, wie es die Abbildung zeigt. Hierbei ist darauf zu achten, daß die Linien nur von einem Punkt ausgehen und nicht gänzlich bis zur anderen Seite geführt werden. Dann schneiden wir die Schalen entlang der Linien ein.

5. Wie auf der Abbildung zu sehen ist, bestreichen wir nun den Rand des weißen Kreises mit Pritt Bastelkleber und kleben die Orangenschalen auf den hellorangen Kreis auf. Ganz oben darf kein Klebstoff aufgestrichen werden, damit die Streifen lose bleiben.

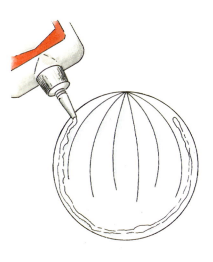

6. Die mittleren Schalenteile ziehen wir jetzt vorsichtig nach unten und schreiben auf den hellorangen Untergrund den Einladungstext. Dann klappen wir die Schalenteile wieder nach oben.

7. Nun ziehen wir die Schalenteile vorsichtig von unten nach oben über eine der scharfen Kanten unserer Schere. Dadurch rollen sich die einzelnen Streifen leicht ein, und wir erhalten so eine schälfertige Orange.

8. Zum Schluß zeichnen wir mit Bleistift ein Blatt mit Stiel auf das grüne Tonpapier auf. Wir schneiden es aus und kleben den Stiel oben an der Rückseite der Orange fest. Die Einladung ist nun fertig, und der Text kann aus der Orange „geschält" werden.

1. Nebenstehenden Hasen pausen wir ab (Erläuterungen dazu stehen auf Seite 11) und übertragen ihn auf das weiße Zeichenpapier. Danach schneiden wir ihn aus. Das Gesicht des Hasen kann wie auf der Abbildung gezeichnet werden.

2. Wir pausen nun den Zylinder ab und übertragen ihn zweimal auf das schwarze Tonpapier. Danach schneiden wir die beiden Zylinder aus.

3. Die Hutkrempe des einen Zylinders bekommt nun einen Schlitz, durch den später der Hase herausguckt. Dazu messen wir mit dem Lineal von jedem Ende der Hutkrempe 3 cm ab. Wir kennzeichnen die Stellen und verbinden die beiden Punkte mit einer geraden Linie. Danach legen wir den Zylinder auf eine zusammengefaltete Zeitung und schlitzen mit der Spitze des Küchenmessers die Linie ein.

- Pauspapier
- Bleistift
- 1 Blatt weißes Zeichenpapier (10 x 12 cm)
- Schere
- schwarzer Filzstift
- Lineal
- 1 Bogen schwarzes Tonpapier (30 x 15 cm)
- Küchenmesser
- Zeitung
- Pritt Bastelkleber
- ein Rest Buntpapier

Hase im Zylinder

Diese nette Einladungskarte eignet sich nicht nur für einen Kindergeburtstag oder ein fröhliches Osterfest. Auch Erwachsene, die man zu einem „zauberhaften" Abend einlädt, werden ihre Freude an der originellen Karte haben.

4. Durch den so entstandenen Schlitz schieben wir den Hasen, so daß die Ohren oben herausschauen.

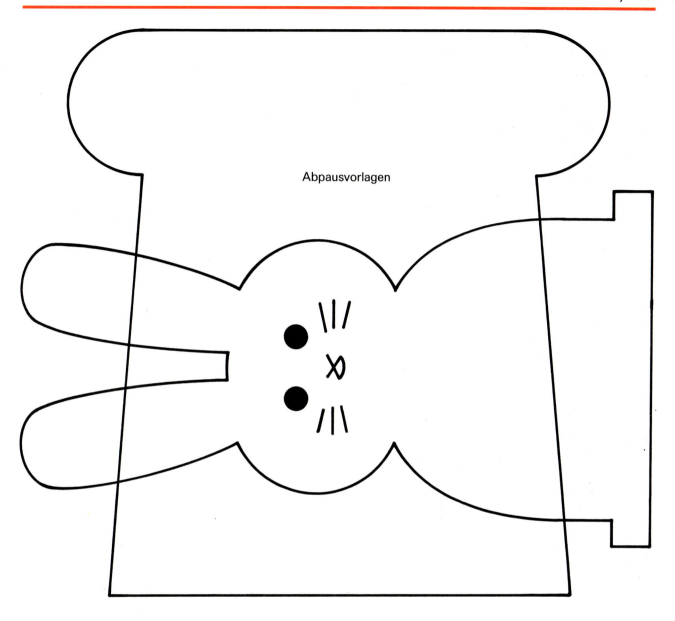

Abpausvorlagen

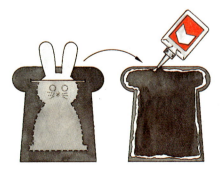

5. Wir nehmen jetzt den zweiten Zylinder und bestreichen den ganzen Rand rundherum mit Pritt Bastelkleber. Danach kleben wir die beiden Zylinder so zusammen, daß der Hase dazwischen liegt und sich in dem Schlitz auf und ab bewegen läßt.

6. Mit einem schmalen Streifen Buntpapier kann man den Zylinder noch verzieren.

7. Wir ziehen nun den Hasen so weit wie möglich aus dem Zylinder heraus und schreiben auf seinen Bauch den Text unserer Einladung.

Faltsterne

- 1 Bogen Goldfolie,
  Geschenkpapier oder
  Faltpapier (15 x 15 cm)
- Lineal
- Bleistift
- etwas weißes Schreib-
  papier

Einen solchen festlichen Stern kann man nicht nur als Einladung oder Grußkarte in der Weihnachtszeit verwenden, sondern auch als Geschenkanhänger. Zieht man die Spitzen des Sterns auseinander, kann man den darin enthaltenen Text lesen.

1. Um diesen Stern zu falten, benötigen wir ein gleichseitiges Dreieck mit einer Seitenlänge von 15 cm. Am einfachsten geht das, indem wir ein Quadrat mit dieser Seitenlänge nehmen, die Mittelpunkte zweier gegenüberliegender Seiten abmessen, mit einem Punkt kennzeichnen und diese mit einer dünnen Linie verbinden. Wir legen nun das Lineal so an, daß die

15-cm-Markierung auf einer Ecke und der Nullpunkt auf unserer Mittellinie liegt. Wir ziehen entlang des Lineals einen Strich. Mit der anderen Seite verfahren wir genauso und schneiden dann unser gleichseitiges Dreieck aus.

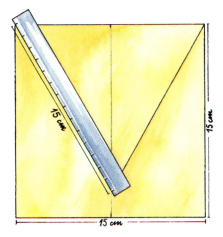

2. Wir kennzeichnen nun mit Hilfe von Lineal und Bleistift auch die Mittelpunkte der beiden anderen Seiten und radieren die Hilfslinie in der Mitte aus. Dann falten wir eine Spitze auf den Mittelpunkt der gegenüberliegenden Seite. Wir öffnen unser Papier und falten die zweite und dann die dritte Spitze auf die gleiche Art. Unser Papier ist nun in vier gleichseitige Dreiecke geteilt.

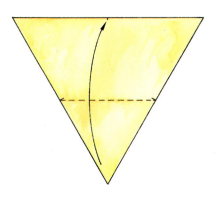

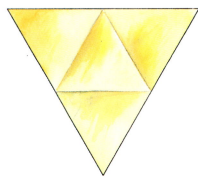

3. Auf das Dreieck in der Mitte schreiben wir nun den gewünschten Text. Haben wir Goldfolie verwendet, kleben wir dort vorher ein gleichgroßes Dreieck aus weißem Papier auf, damit wir besser schreiben können.

4. Um den Stern zu schließen, klappen wir zunächst wieder eine Spitze auf den Mittelpunkt der gegenüberliegenden Seite. Wir legen das Lineal an die Seite AC, messen von Punkt A eine Entfernung von 2 cm ab und kennzeichnen sie. An der Seite BC machen wir es genauso.

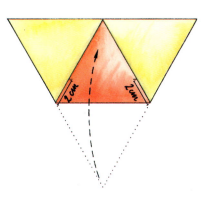

5. Wir legen nun das Lineal so auf unser Papier, daß es die beiden neu gefundenen Punkte verbindet, halten es fest und klappen Ecke C darüber. Danach legen wir das Lineal weg, streichen den Knick glatt und öffnen die Faltung. Genauso verfahren wir auch mit den beiden anderen Ecken.

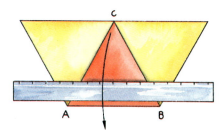

6. Haben wir die dritte Ecke gefaltet, legen wir die beiden anderen nacheinander darüber. Bei der letzten Ecke schieben wir dabei ein Ende unter die erste Spitze. So bleibt der Stern geschlossen.

Schmetterlingskarte

Auf eine Karte geklebt, eignet sich dieser zarte Schmetterling als Einladung, Tischkarte oder Glückwunschkarte. Er ist leicht herzustellen und wird wegen seiner interessanten Färbung, die er auf Grund der Batiktechnik erhält, bestimmt jedem gefallen, der eine solche Karte erhält.

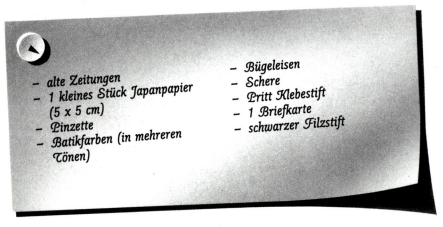

- alte Zeitungen
- 1 kleines Stück Japanpapier (5 x 5 cm)
- Pinzette
- Batikfarben (in mehreren Tönen)
- Bügeleisen
- Schere
- Pritt Klebestift
- 1 Briefkarte
- schwarzer Filzstift

1. Unsere Arbeitsfläche decken wir mit einigen alten Zeitungen ab. Wir falten das Japanpapier einmal diagonal Ecke auf Ecke.

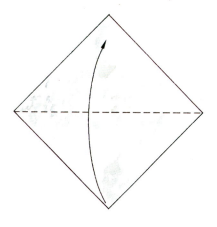

2. Dann legen wir die spitzen Ecken aufeinander. Bei der dritten Faltung legen wir wieder die beiden spitzen Ecken aufeinander, so daß die Form wieder halbiert ist.

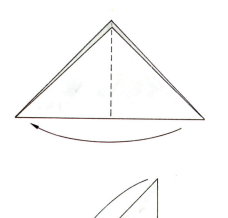

3. Mit der Pinzette fassen wir unser zusammengefaltetes Papier und tauchen es mit der Ecke in die Batikfarbe. Dann tauchen wir die zweite und schließlich die dritte Ecke ein. Je nach Wunsch können wir für alle drei Ecken die gleiche oder auch unterschiedliche Farben verwenden.

4. Danach falten wir das Papier vorsichtig auseinander und lassen es etwa 5 Minuten trocknen. Anschließend stellen wir den Wärmeregler des Bügeleisens auf „Seide" und glätten unser Papier.

5. Um die Form der Schmetterlingsflügel zu erhalten, falten wir das Quadrat wie vorhin einmal diagonal Ecke auf Ecke, öffnen es aber sofort und falten die beiden anderen Ecken genauso aufeinander. Wir öffnen die Faltung und schneiden das Papier an einer der Diagonalen entlang in zwei Teile. Aus jedem dieser Dreiecke wird ein Flügel.

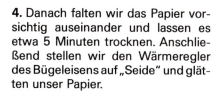

6. Wir legen nun eine der spitzen Ecken schräg nach oben. Nachdem wir die Faltung glattgestrichen haben, falten wir die zweite Ecke genauso hoch. Der erste Schmetterlingsflügel ist fertig. Den zweiten falten wir auf die gleiche Art aus dem anderen Dreieck.

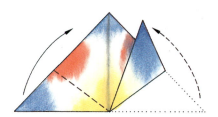

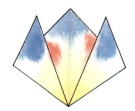

7. Auf die Unterseite der Flügel streichen wir etwas Pritt Klebestift und kleben sie so auf unsere Karte, daß die drei Flügelspitzen jeweils auseinanderlaufen. Mit dem schwarzen Stift malen wir noch den Körper und die Fühler des Schmetterlings auf. Den Text für den Empfänger der Karte kann man mit farblich passenden Stiften neben den Schmetterling oder auf die Rückseite der Karte schreiben.

Kleine Schmetterlingsschar

Wollen wir lieber mehrere kleine Schmetterlinge auf unsere Karte aufkleben, so zerschneiden wir nach dem Einfärben und Bügeln unser Quadrat in vier kleine Quadrate mit einer Seitenlänge von 2,5 cm. Für diese Quadrate brauchen wir nur zweimal die gegenüberliegenden Seiten des großen Quadrats aufeinanderzulegen und die Knicke glattzustreichen. Dann öffnen wir die Faltung und schneiden entlang dieser Knicke das Quadrat in vier gleichgroße Teile. Beim Weiterbasteln folgen wir den vorangegangenen Anleitungen ab Punkt 5.

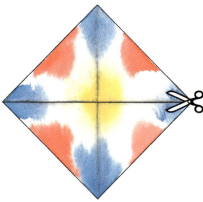

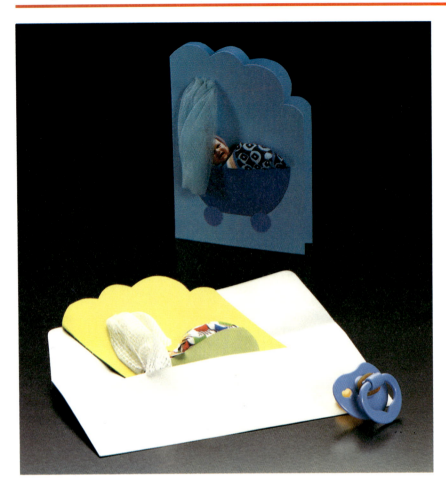

2. Von der Schablone auf Seite 217 übertragen wir nun die Wolkenform auf diese Karte. (Abpausen von Vorlagen siehe Seite 11.) Hierbei ist darauf zu achten, daß der höchste Punkt der Wolke an der Faltkante der Karte liegt und daß die Wolke zur offenen Seite der Karte hin abfällt. Dann schneiden wir die Form aus.

3. Wir übertragen die Schablone des Kinderwagens auf einen Tonpapierrest und schneiden ihn aus.

4. Den Kinderwagen legen wir so auf die Karte, daß die beiden Räder später noch Platz zum unteren Rand haben. Die Rundung des Wagens umfahren wir dünn mit Bleistift.

5. Wir legen den Kinderwagen vorerst beiseite und ziehen dann – etwas innerhalb der Bleistiftmarkierung – die Linie mit Pritt Bastelkleber nach.

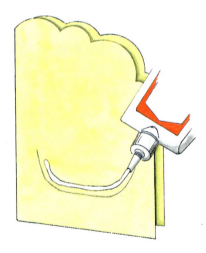

6. Den Kinderwagen drücken wir jetzt mit der Rundung auf den Klebstoff. Der Wagen soll sich dabei mit seiner oberen Kante nach außen wölben und so seine plastische Form erhalten. Ist er festgeklebt, radieren wir die Bleistiftlinie wieder aus.

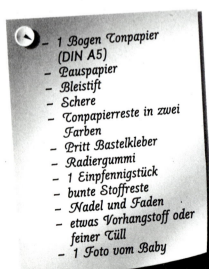

- 1 Bogen Tonpapier (DIN A5)
- Pauspapier
- Bleistift
- Schere
- Tonpapierreste in zwei Farben
- Pritt Bastelkleber
- Radiergummi
- 1 Einpfennigstück
- bunte Stoffreste
- Nadel und Faden
- etwas Vorhangstoff oder feiner Tüll
- 1 Foto vom Baby

Kinderwagen

Als Geburtsanzeige für liebe Freunde und Verwandte oder als Einladung zur Taufe wird diese Karte ihrem Empfänger sicher viel Freude bereiten. Sie eignet sich aber auch gut als kleines Mitbringsel.

1. Wir falten den DIN-A5-Bogen Tonpapier in Querrichtung zur Hälfte zusammen. So erhalten wir eine Doppelkarte.

7. Seine Räder bekommt der Wagen, indem wir mit Hilfe eines Einpfennigstückes zwei Kreise auf Tonpapier zeichnen, sie ausschneiden und an den Wagen ankleben.

8. Für die Bettdecke und das Kopfkissen schneiden wir unseren Stoffrest mit etwa 6 x 6 cm für die Decke und etwa 3 x 3 cm für das Kissen zurecht.

9. Dann nehmen wir zuerst den Stoff für die Bettdecke und umnähen ihn, wie die Abbildung zeigt, mit einfachen Vorstichen.

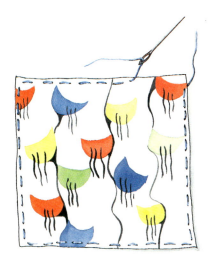

10. Wir ziehen die Stoffkante zusammen, verknoten die beiden Fadenenden fest miteinander und erhalten so die Form der Bettdecke.

11. Wir kleben sie mit der zusammengezogenen Seite nach unten in den Kinderwagen ein.

12. Mit dem Stoff für das Kopfkissen verfahren wir wie bei der Bettdecke und kleben das Kissen mit Pritt Bastelkleber ebenfalls in den Kinderwagen ein.

13. Den Vorhangrest schneiden wir auf eine Größe von etwa 8 x 8 cm zurecht. Aus ihm stellen wir den Vorhang für den Himmel des Kinderwagens her. Dazu ziehen wir an einer Seite mit einfachem Vorstich einen Faden ein, ziehen die Kante zusammen und verknoten die Fadenenden.

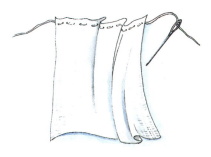

14. Etwa 6 cm über dem Kopfkissen kleben wir den Vorhang zuerst oben mit der gerafften Seite auf der Karte fest. Zusätzlich wird er noch mit der hinteren Vorhangfalte am Rand des Wagens befestigt. Die vorderen Falten müssen frei beweglich bleiben, damit der Betrachter den Himmel zurückschieben kann.

15. Zuletzt schneiden wir aus dem Kinderfoto den Kopf aus, schieben den Vorhang des Kinderwagens beiseite und kleben den Kopf mit Pritt Bastelkleber so auf das Kissen auf, daß der Hals noch ein Stück unter der Bettdecke verschwindet. Schiebt der Betrachter der Karte nun den Himmel etwas zur Seite, kann er den neuen Erdenbürger in seinem Kinderwagen bewundern.

Heißluftballon

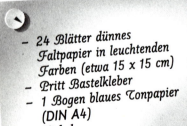

- 24 Blätter dünnes
  Faltpapier in leuchtenden
  Farben (etwa 15 x 15 cm)
- Pritt Bastelkleber
- 1 Bogen blaues Tonpapier
  (DIN A4)
- Zirkel
- Schere
- schwarzer Filzstift

„Wir sind umgezogen" – so könnte der Text dieser Karte mit dem ins Blaue schwebenden Heißluftballon lauten. Aber sie läßt sich auch als Glückwunschkarte zur Hochzeit, für Geburtstage und andere Feste verwenden. Schön sieht es aus, wenn man die Faltblätter vor dem Zusammenkleben farblich ordnet, so daß zum Beispiel ein allmählicher Farbübergang von Rot über Orange nach Gelb stattfindet.

1. Für den Ballon ziehen wir auf dem ersten Faltpapierblatt an zwei gegenüberliegenden Seiten und in der Mitte eine Linie mit Pritt Bastelkleber. Das zweite Faltblatt wird auf das erste exakt aufgedrückt.

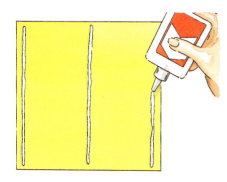

2. Nun denken wir uns auf dem zweiten Blatt die Mittellinie und halbieren die beiden Blatthälften mit je einer Klebstofflinie, so wie es die Abbildung zeigt. Darauf legen wir das dritte Blatt und drücken es fest an.

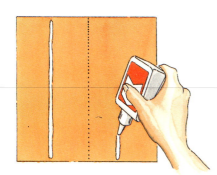

3. Bei diesem dritten Blatt verfahren wir wieder wie beim ersten. Wir ziehen also an zwei Seiten und in der Mitte eine Klebstofflinie. Hierauf wird das vierte Blatt gelegt.

4. Auf diesem werden wieder zwei Klebstofflinien gezogen, beim folgenden Blatt wird wieder wie bei Blatt eins verfahren, und so geht es im Wechsel weiter, bis alle Blätter aufge-

klebt sind. Wichtig ist dabei, daß alle Klebstofflinien in die gleiche Richtung zeigen. Wenn sie kreuz und quer verlaufen, kann kein Ballon daraus werden – er entfaltet sich nicht.

5. Die zusammengeklebten Blätter legen wir beiseite und lassen den Klebstoff etwa 15 Minuten trocknen.

6. Für die Karte falten wir unser Tonpapier zur Hälfte, und zwar Längsseite auf Längsseite, zusammen. Wir erhalten so eine schmale, längliche Klappkarte.

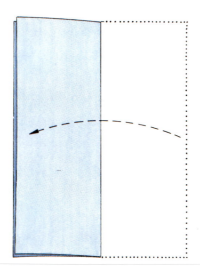

7. Wir stellen den Zirkel auf einen Radius von 8 cm ein. Jetzt nehmen wir die zusammengeklebten Blätter und legen sie so vor uns, daß die Klebstofflinien senkrecht von uns wegzeigen. Am unteren Rand messen wir genau die Mitte aus. Mit dem Zirkel stechen wir dort, wie die Zeichnung zeigt, ein und schlagen einen Halbkreis. Er läuft also quer zu den Klebstofflinien; das ist sehr wichtig, da sonst der Ballon beim Ausschneiden zerfällt. Deshalb darf der Kreis an den Seiten auch nicht ganz unten beginnen. Entlang der Zirkellinie schneiden wir den Halbkreis aus.

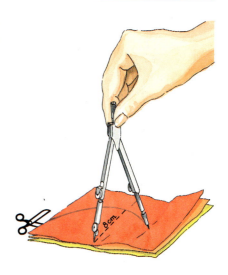

8. Eine Seite des Halbkreises bestreichen wir mit Pritt Bastelkleber und kleben den Ballon etwa 2 cm vom oberen Rand entfernt an. Die gerade Kante muß im Knick der Faltenkarte liegen. Dann streichen wir die andere Seite ein, klappen die Karte zu und lassen den Klebstoff kurz antrocknen.

9. Öffnen wir danach die Karte, entfaltet sich der Heißluftballon. Mit dem Filzstift malen wir noch die Seile und die daran hängende Gondel auf. In den Himmel oder auf die Gondel wird dann der Text der Karte geschrieben.

Geburtstagskarte

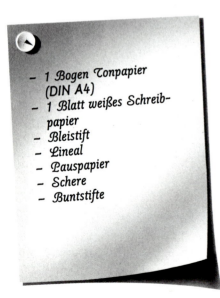

- 1 Bogen Tonpapier (DIN A4)
- 1 Blatt weißes Schreibpapier
- Bleistift
- Lineal
- Pauspapier
- Schere
- Buntstifte

Wer auf diese originelle Weise eine Geburtstagskarte gestalten will, braucht ein wenig Geduld, bis alle Buchstaben auf der Karte untergebracht sind. Der Anfang des Glückwunschtextes wird vorne Buchstabe für Buchstabe ausgeschnitten, innen wird er dann mit einem Buntstift weitergeschrieben.

1. Das Tonpapier wird unsere Faltkarte. Wir falten es in Längsrichtung zur Hälfte zusammen.

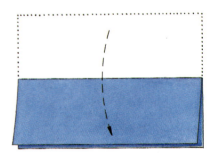

2. Damit wir noch ein wenig probieren können, zeichnen wir mit dem Lineal eine oder mehrere Linien auf das weiße Schreibpapier, die genauso lang sind wie die lange Seite unserer Karte. Das unten abgebildete Alphabet kann als Anregung dienen, wie groß die Schrift werden soll. Auf den Linien entwerfen wir den Textbeginn, bis er gut leserlich ist. Wem die Karte für seinen Text zu lang ist, kann sie jetzt noch ein Stück an der Schmalseite abschneiden.

3. Wenn der Text entworfen ist, übertragen wir die Buchstaben zunächst mit einfachen Linien auf den unteren Rand der Karte. Wer will, kann dann die Buchstaben unten abpausen oder selber welche entwerfen. Wichtig ist, daß sie breit sind und unten auf der Linie stehen. Manche Formen müssen vereinfacht werden, denn Hohlräume wie beim A und O kann man nicht ausschneiden. Anschließend schneiden wir alle Buchstaben vom unteren Rand her aus.

4. Danach klappen wir die Karte auf und zeichnen auf die untere Hälfte mit Buntstiften ein abwechslungsreiches Muster auf. Das können kleine Farbflecken sein, Tupfer, enge und breite Streifen oder ein Regenbogen. Beim Zusammenklappen der Karte sollen alle Buchstaben farbig unterlegt sein. Über diese Bemalung setzen wir dann unseren Glückwunschtext. Wer will, kann vorne noch einige Farbstreifen über die ausgeschnittenen Buchstaben setzen.

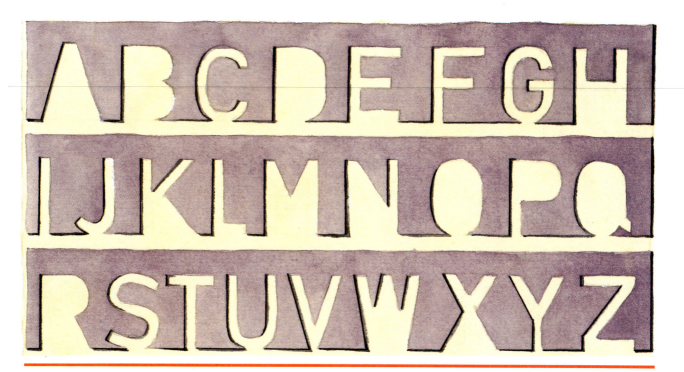

Prägekarte

- Pauspapier
- Bleistift
- 1 Blatt weißes Schreib-
  papier
- 1 Stück Linoleum
  (7 x 7 cm)
- Linolschneidewerkzeug
  (1 breites, 1 schmales
  Messer)
- 2 Geschirrtücher
- 1 doppelte Briefkarte
- Schüssel mit Wasser
- Bügeleisen
- Buntstift

Wer schon einmal Versuche mit der Linolschnittechnik gemacht hat, sollte einmal versuchen, mit bereits geschnittenen Platten Papier zu prägen. Wie wär's mit einem prachtvollen Fisch? Bei einer so kleinen Linolplatte muß beim Arbeiten besonders aufgepaßt werden, daß die Finger der haltenden Hand nicht in Mitleidenschaft gezogen werden. Deshalb muß man grundsätzlich immer von der Hand wegschneiden!

1. Wer es sich nicht zutraut, ein eigenes Motiv zu entwerfen, paust sich die Vorlage auf Schreibpapier ab.

2. Danach legen wir das Pauspapier auf die Linolplatte, legen das Papier mit dem aufgezeichneten Motiv darauf und fahren das Motiv mit dem Bleistift nochmals nach. So übertragen wir das Bild auf die Linolplatte.

3. Dann nehmen wir das Linolschneidewerkzeug zur Hand und arbeiten zunächst mit einem schmalen Schneidemesser den Umriß der Form und die feinen Binnenlinien heraus. Für breitere Linien nimmt man ein flaches Schneidemesser.

4. Als nächstes wird mit einem breiten Schneidemesser alles Linoleum rund um das Motiv entfernt, so daß es erhaben hervortritt. Der Prägestempel ist nun fertig.

5. Wir breiten eines der Geschirrtücher auf dem Tisch aus. Es dient als Unterlage für die weiteren Arbeiten.

6. Nun legen wir die Briefkarte in die Schüssel mit Wasser. Die Karte muß ganz mit Wasser bedeckt sein. Wir lassen sie einen Augenblick darin liegen, damit sie sich vollsaugt.

7. Den Prägestempel legen wir mit dem Motiv nach oben auf unser Geschirrtuch. Dann nehmen wir die Karte aus dem Wasser und legen sie über den Prägestempel. Jetzt kann man sich noch entscheiden, wo das Bild auf der Karte plaziert sein soll.

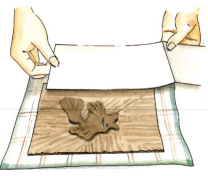

8. Mit Hilfe des zweiten Geschirrtuches wird die Karte jetzt fest an den Prägestempel angedrückt. Beide Geschirrtücher saugen dabei das aus der Karte heraustretende Wasser auf.

9. Die Karte wird dann vom Stempel abgezogen und zum Trocknen beiseite gelegt. Hat sie sich beim Trocknen gewellt, kann man sie durch Bügeln wieder glätten. Doch Vorsicht: Dabei darf man nicht mit dem Bügeleisen über das geprägte Motiv fahren! Wer lieber eine farbige Karte verschicken möchte, kann nachträglich mit einem Buntstift flach über die Karte fahren. Dadurch kommt die Papierstruktur und das Prägemotiv deutlicher zum Vorschein.

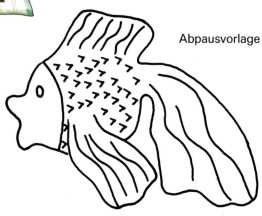

Abpausvorlage

- 1 Bogen Faltpapier
  (20 x 20 cm)
- Schere
- Buntstift oder
  Kugelschreiber

Blütenkarte

Diese kunstvoll gefaltete Blüte verlangt einige Übung im Umgang mit Papier. Das Ergebnis erfreut dann jedoch umso mehr.

1. Wir falten das Papier senkrecht zur Hälfte zusammen. Es entsteht ein Rechteck.

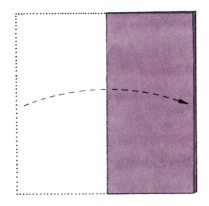

2. Dieses längliche Rechteck falten wir wieder auf die Hälfte, wir erhalten ein kleines Quadrat. Die geschlossene Ecke liegt unten links.

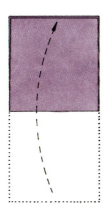

3. Die rechte untere Ecke falten wir auf die linke obere, so daß sich ein Dreieck bildet.

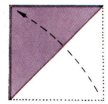

4. Die linke Seite falten wir jetzt zur Diagonale, so daß ein kleines Dreieck übersteht. Wir schneiden es mit der Schere ab und erhalten beim Aufklappen ein Achteck.

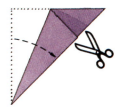

5. Wir falten nun eine der geraden Seiten bis zur Mittellinie, streichen den Knick mit dem Fingernagel gut glatt und öffnen die Faltung wieder. Nach und nach verfahren wir so mit allen acht Seiten.

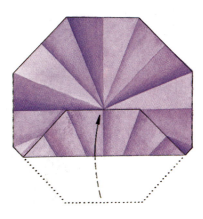

6. Schließlich erhalten wir in der Mitte ein kleineres Achteck, das später unser Blütenboden sein wird. In dieses Feld können wir nun eine Einladung, Glückwünsche oder Grüße

hineinschreiben. Ist das Papier zu dunkel, kann man auch ein weißes Stück Papier hineinlegen, das man genau auf die Größe zugeschnitten hat.

7. Um die Blüte zu formen, müssen wir nun nacheinander alle Ecken anheben. Am besten legt man dazu den Zeigefinger auf eine Ecke und Daumen und Mittelfinger derselben Hand unter das Papier. Wir heben die Ecke an, ziehen mit dem Zeigefinger nach hinten und drücken gleichzeitig mit Daumen und Mittelfinger von außen die Ecke zusammen. Auf diese Art ziehen wir alle Ecken hoch, das Papier sieht jetzt beinahe aus wie ein kleines Tortenförmchen.

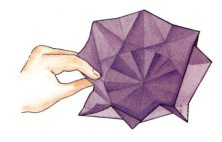

8. Um die Blüte zu schließen, nehmen wir die andere Hand zur Hilfe und drücken alle Ecken zum Mittelpunkt. Dabei legen wir sie seitlich übereinander: die Blüte ist fertig. Sie bleibt geschlossen, obwohl sich die Blätter ein wenig abheben.

Fasching feiern

Die Faschingszeit ist die fröhlichste Zeit des Jahres. Man sehnt den Frühling herbei und jagt mit viel Radau den Winter fort. Es ist die Zeit, in der man sich nach Herzenslust verkleiden und ausgelassen feiern kann.

Wenn man selbst eine fröhliche Feier ausrichtet, kann man nicht früh genug damit beginnen, für eine passende Raum- und Tischdekoration zu sorgen.

Denn es müssen ja nicht immer nur die bekannten Luftschlangen sein, die für die richtige Atmosphäre sorgen.

Beim Durchblättern der folgenden Seiten wird sicher jeder etwas finden, das er gerne nachbasteln möchte. Hier kann die ganze Familie mithelfen. Auch auf der Feier selbst kann man gemeinsam zu Schere und Papier greifen – das aufgeblasene Teufelchen zum Beispiel ist eine Faltarbeit, die großen Spaß bringt.

Und man braucht dazu, wie für viele andere Faltarbeiten in diesem Buch, nur ein einfaches, quadratisches Blatt Papier.

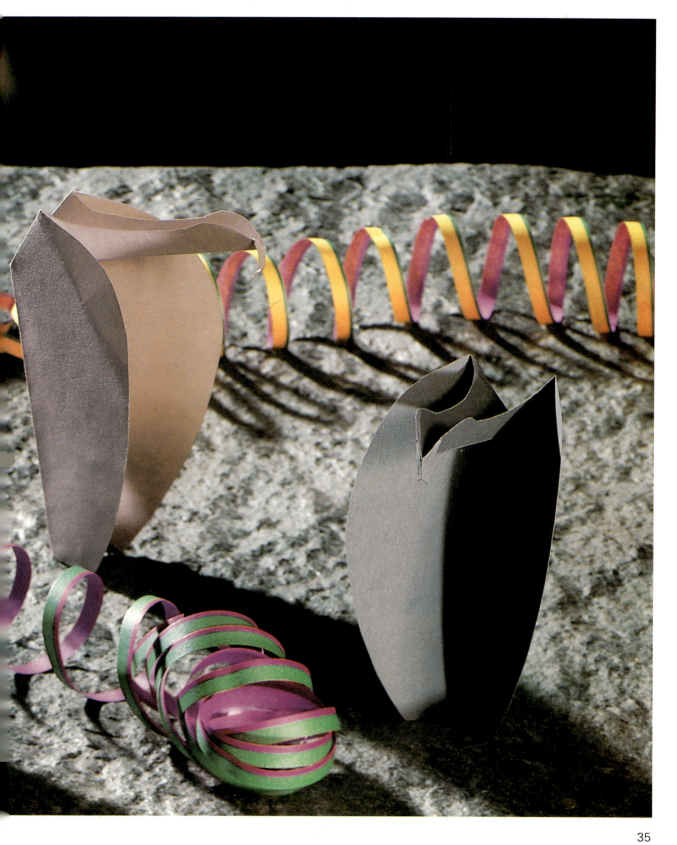

3. Mit einer Schere schneiden wir nun fortlaufend von einem Punkt zum schräg gegenüberliegenden und erhalten so 19 gleichgroße, spitze Dreiecke mit einer kurzen Grundlinie.

4. Wir legen nun ein Dreieck mit der farbigen Seite nach unten auf den Tisch und die dicke Stopfnadel auf die Grundlinie. Mit Daumen und Zeigefinger rollen wir das Papier um die Nadel herum auf. Die Spitze des Dreiecks kleben wir mit etwas Pritt Bastelkleber fest und streifen die fertige Perle von der Nadel. Etwa 30 Perlen brauchen wir für eine Kette – je nach gewünschter Länge.

Bunte Perlenketten

- Reste von gemustertem oder einfarbigem Papier (zum Beispiel Geschenkpapier, Faltpapier oder Reklameseiten aus Illustrierten)
- Lineal
- Bleistift
- Schere
- dicke Stopfnadel
- Pritt Bastelkleber
- Nähnadel und Faden

1. Wir schneiden aus den farbigen Papieren einige etwa 30 cm lange und 5-8 cm breite Streifen aus.

2. Wir kennzeichnen mit Hilfe von Lineal und Bleistift die eine lange Seite unseres Streifens mit Punkten im Abstand von 3 cm. Auf der gegenüberliegenden Seite machen wir es fast genauso, aber um 1,5 cm versetzt. Unser erstes Zeichen steht also bei 1,5 cm, das nächste bei 4,5 cm und so weiter, immer im Abstand von 3 cm.

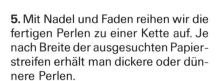

5. Mit Nadel und Faden reihen wir die fertigen Perlen zu einer Kette auf. Je nach Breite der ausgesuchten Papierstreifen erhält man dickere oder dünnere Perlen.

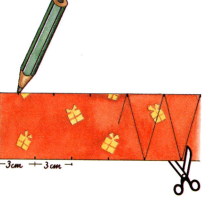
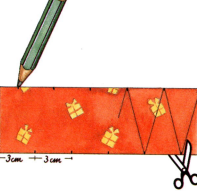

Bunt und fröhlich soll der Fasching sein, und dazu können diese Perlenketten beitragen. Sie sind aus den verschiedensten Papierresten leicht herzustellen und können farblich auf das Kostüm abgestimmt werden.

Zauberer

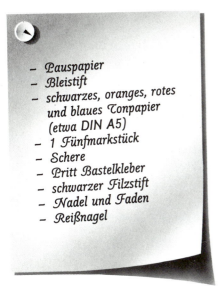

- Pauspapier
- Bleistift
- schwarzes, oranges, rotes und blaues Tonpapier (etwa DIN A5)
- 1 Fünfmarkstück
- Schere
- Pritt Bastelkleber
- schwarzer Filzstift
- Nadel und Faden
- Reißnagel

Eine hübsche Raumdekoration für eine Faschingsfeier ist solch ein Zauberer, der als Mobile von der Decke baumelt und sich beim leisesten Luftzug bewegt.

1. Wir übertragen von den Schablonenzeichnungen auf Seite 219 mit Pauspapier und Bleistift alle Teile für den Zauberer auf das entsprechend farbige Tonpapier, zeichnen zwei Kreise mit Hilfe des Fünfmarkstücks auf das blaue Papier und schneiden alles aus.

2. Wir kleben nun mit Pritt Bastelkleber den Haarkranz auf den unteren Rand des Hutes. Kinnbart und Schnurrbart werden auch zusammengeklebt.

3. In die blauen Augenkreise malen wir mit dem Filzstift die schwarzen Pupillen.

4. Mit Nadel und Faden stellen wir nun den Kopf des Zauberers zusammen. Wir stechen durch die drei Punkte im Haarkranz, ziehen jeweils einen Faden durch und verbinden sie mit dem an einen Stiefelschaft erinnernden Teil der Nase und mit den Augen.

5. Mit dem unteren Punkt an der Nase machen wir es genauso und verbinden die Nase mit dem Bart. Er wird an zwei Stellen aufgehängt, weil er sehr groß ist und so besser hängen kann.

6. Nun fehlt nur noch der lange Faden zum Aufhängen. Wir ziehen ihn durch die obere Hutspitze und können unseren Zauberer mit einem Reißnagel an der Decke befestigen.

- Tonpapierstreifen in verschiedenen Farben (möglichst länger als 30 cm und in folgender Breite: Fisch 4,5 cm; Elefant 5 cm; Schmetterling 6,5 cm)
- Pauspapier
- Bleistift
- Schere
- Locher oder Lochzange

Tischgirlanden

Leicht herzustellen, aber sehr dekorativ in der Wirkung sind diese Faltschnittgirlanden. Sie eignen sich besonders als Tischdekoration, man kann sie aber auch als Wandschmuck verwenden oder am Fenster anbringen. Wer sehr lange Girlanden basteln möchte, klebt einfach mehrere kurze aneinander. Zum Aufhängen sticht man am besten mit einer Nadel zwei Löcher nahe der Oberkante durch alle Tiere und zieht dort zwei lange Fäden durch. Mit ihnen wird die Girlande unter der Zimmerdecke aufgehängt.

1. Für alle drei Girlanden falten wir zuerst die Streifen ziehharmonikaartig hin und her: Damit die abgebildeten Umrißformen später richtig übertragen werden können, müssen wir bei allen drei Streifen eine Faltbreite von genau 5,5 cm einhalten.

2. Mit Pauspapier und Bleistift übertragen wir jetzt die Tierumrisse jeweils auf das obenauf liegende Viereck der gefalteten Streifen. Dabei müssen wir unbedingt darauf achten, daß die gestrichelten Linien immer genau an den Faltkanten liegen, denn dort halten die Girlanden später zusammen.

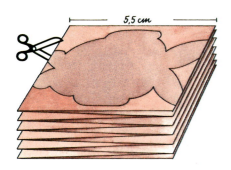

3. Jetzt schneiden wir mit der Schere die Umrißformen aus. Nur dort, wo die gestrichelten Linien an den Faltkanten liegen, darf nicht geschnitten werden, denn sonst fällt alles auseinander. Wenn der Papierstreifen sehr lang, also die Ziehharmonika zu dick ist, schneiden wir nur wenige Papierlagen auf einmal aus. Für die darunterliegenden Schichten kann man noch einmal die Umrisse nachzeichnen, bevor man weiter ausschneidet. Ist das letzte Viereck so klein, daß hier kein vollständiges Tier mehr entsteht, kann man es einfach abschneiden.

4. Zum Schluß stanzen wir mit dem Locher oder mit der Lochzange die Augen der Fische und die Punkte an den Schmetterlingsflügeln aus.

Abpausvorlagen

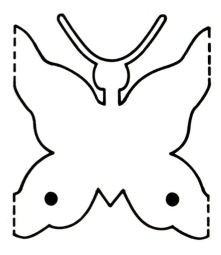

- 1 Streifen rotes Tonpapier (70 x 4 cm)
- Lineal
- Bleistift
- Schere
- Zackenschere
- Nagelschere
- Tonpapierreste
- Pritt Bastelkleber

Feuerspeiender Drachen

So furchterregend der feuerspeiende Drachen auch aussehen mag – er ist gar nicht so schwierig herzustellen. Wie wär's mit solch einer originellen Tischdekoration für eine „sagenhafte" Faschingsfeier? Man kann ihn auch als stimmungsvollen Wegweiser ins Märchen- und Sagenland verwenden, wenn man eine Märchenstunde gestaltet.

1. Um den spitz zulaufenden Drachenkörper zuzuschneiden, kennzeichnen wir an einem schmalen Ende des Tonpapierstreifens die Mitte mit Bleistift. Vom anderen Ende messen wir an den Längsseiten 12 cm ab und markieren die Stellen ebenfalls. Diese beiden Punkte verbinden wir mit Lineal und Bleistift mit dem zuvor markierten Mittelpunkt und schneiden an diesen Linien entlang die Körperform spitz zu.

2. Für das gefährliche Drachenmaul schneiden wir an dem geraden Abschnitt vorn mit der Zackenschere etwa 1 cm vom Rand entfernt 3 cm weit ein und runden mit der normalen Schere den Kopf seitlich ab.

3. Die geschwungenen Hörner entstehen, wenn wir das Papier von den beiden 12-cm-Markierungen aus etwa 6 cm schräg in Richtung Maul einschneiden und die entstandenen Spitzen über einen Bleistift nach oben rollen.

4. Jetzt werden die Augen eingeschnitten. Mit einer spitzen Nagelschere schneiden wir zum Körper hin zwei Winkel ein und biegen die so entstandenen Dreiecke nach oben.

5. Zwischen den Hörnern und den 12-cm-Markierungen schneiden wir die Kanten in schräge Fransen. So sieht der Nacken stachelig aus.

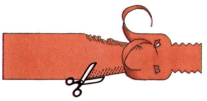

6. Dem feuerspeienden Tier kleben wir mit Pritt Bastelkleber vorne ans Drachenmaul einige spitz zulaufende Streifen in verschiedenen Farben und von unterschiedlicher Länge. Diese züngelnden Flammen rollen wir über den Bleistift einzeln nach oben.

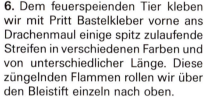

7. Aus einem langen Streifen Tonpapier in passender Kontrastfarbe, der 1 cm breit sein soll und mit der Zackenschere am Rand beschnitten wird, formen wir die großen Rückenzacken. Wir kleben ihn mit Pritt Bastelkleber zuerst am Kopf in Höhe der Hörner fest und knicken ihn abwechselnd nach oben und unten. Jedesmal kleben wir ihn unten am Körper fest. Am Anfang sollten die Zacken 2-3 cm hochstehen, zum Schwanz hin werden sie dann immer niedriger, bis der Streifen wieder flach aufliegt.

8. Anschließend wird der ganze Körper noch vorsichtig hin- und hergebogen, so daß der Drachen recht wild aussieht. Wenn man einen haben möchte, der sich aufbäumt, klebt man einfach zwei große Rückenzacken zusammen. Je weiter diese auseinanderlagen, um so mehr bäumt sich das Ungeheuer auf.

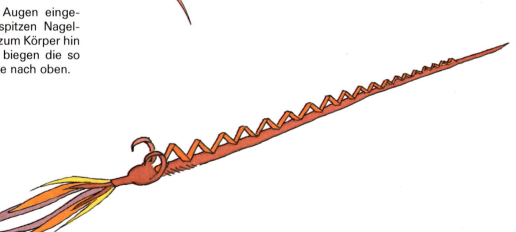

- 1 Eierkarton für 6 oder 10 Eier
- Schere
- Wasserfarben
- Pinsel
- Klarlack zu Sprühen
- braune Tonpapierreste
- Lineal
- Bleistift
- Pritt Bastelkleber
- etwas Hutgummi
- Kreppapierrest

Vogelmasken

Wer für Kinder eine Faschingsmaske braucht oder eine Dekoration für die Wand basteln möchte, kann ja einmal diese Vogelmasken ausprobieren. Die benötigten Materialien hat man ja meistens im Haus, so daß die Arbeit gleich losgehen kann.

Eule

1. Vom Eierkarton trennen wir den Deckel ab, wir brauchen ihn nicht. Dann schneiden wir ein Paar von den außen liegenden Eierfächern ab, und zwar führen wir die Schere genau mitten über die Erhebungen, die das erste Paar vom folgenden trennen.

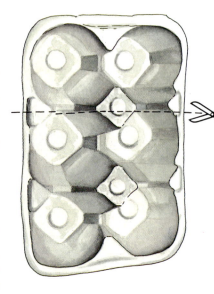

2. Anschließend schneiden wir die Erhebungen so weit zurück, daß in der Mitte eine Schnabelspitze stehenbleibt. An den Seiten soll sich eine gleichmäßige Rundung ergeben. Anschließend wird die Schnabelspitze an der gestrichelten Linie vorsichtig auf die andere Seite umgeklappt. Wenn wir den Karton jetzt herumdrehen, haben wir zwei vorstehende Eulenaugen und einen Schnabel.

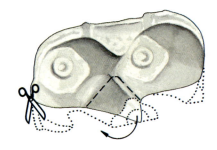

3. In die Augenerhebungen schneiden wir kreisrunde Löcher zum Durchschauen.

4. Die gesamte Vorderseite der Maske wird jetzt mit Wasserfarbe gründlich bemalt. Dazu nehmen wir mehrere Brauntöne, damit das Gefieder natürlicher aussieht. Wenn die braune Farbe trocken ist, malen wir den Schnabel schwarz an.

5. Die Flächen um die Augenlöcher herum betonen wir mit schwarzen Linien, die von innen strahlenförmig nach außen verlaufen. So erhalten wir die eindrucksvollen Nachtaugen der Eule.

6. Nach dem Bemalen übersprühen wir alles mit Klarlack, damit die Wasserfarbe haltbarer wird.

7. Für die Öhrchen schneiden wir uns nun acht kleine Streifen Tonpapier zurecht. Dazu zeichnen wir mit Bleistift und Lineal acht Felder von 1 x 5 cm Länge auf, schneiden sie aus und schneiden sie von einer Seite in schmale Fransen. Jeweils vier solcher Streifen kleben wir mit Pritt Bastelkleber über den Augen von hinten an den oberen Maskenrand.

8. Zum Schluß stechen wir mit der Scherenspitze vorsichtig zwei Löcher seitlich in den Rand, ziehen ein Hutgummiband durch und knoten es fest.

Paradiesvogel

1. Vom Eierkarton verwenden wir jetzt die andere Seite, und zwar benötigen wir dieses Mal ein Ende mit vier Eierfächern.

2. Wir schneiden den unteren Rand jetzt aber so weit zurück, daß die Zwischenwand zwischen den unteren beiden Fächern herausgetrennt ist. Die mittlere Erhebung zwischen den vier Fächern muß aber vollständig erhalten bleiben, denn sie wird der Schnabel.

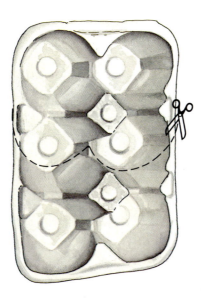

3. Wir drehen den Karton herum, um in die oberen beiden Eierfächer zwei Augenlöcher zu schneiden.

4. Jetzt wird die Maske von vorn bemalt. Die vier Eierfächer kann man zum Beispiel in dunklen Blau- und Grüntönen ausmalen, der Schnabel erhält ein helles Grün mit einer dunklen Spitze. Die Wahl der Farben bleibt ganz der eigenen Phantasie überlassen.

5. Die Außenseite der Maske darf man nicht vergessen, man kann sie mit einer Kontrastfarbe bemalen, zum Beispiel mit Rot. Zum Schluß wird alles mit Klarlack übersprüht.

6. Aus einem Kreppapierrest falten wir eine Art Fächer und kleben ihn mit Pritt Bastelkleber von hinten gegen den oberen Rand.

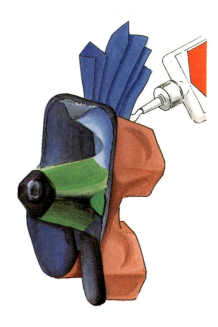

7. Wie bei der Eule wird ein Hutgummi befestigt.

- 1 Bogen graues Tonpapier (DIN A4)
- Pauspapier
- Bleistift
- Schere
- Papiermesser oder kleines Küchenmesser

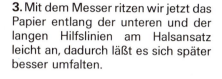

Geier

„Unter Geiern" könnte das Motto einer so dekorierten Faschings- oder Westernparty lauten. Schreibt man auf die Geier den Namen des jeweiligen Gastes, kann man sie auch als Tischkarten verwenden.

1. Zuerst pausen wir den Geier von der Schablonenzeichnung auf Seite 220 auf das Tonpapier ab. Die gestrichelten Linien werden auch abgepaust, sie dienen als Hilfslinien für die späteren Faltungen. Die Umrißform schneiden wir aus.

2. Wir falten den Geier entlang der gedachten Mittellinie auf die Hälfte zusammen, so daß die Hilfslinien außen liegen, und streichen den Falz mit dem Fingernagel nach. Der Geier wird wieder aufgeklappt und gewendet, so daß die Hilfslinien oben liegen.

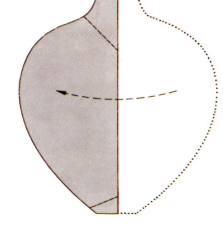

3. Mit dem Messer ritzen wir jetzt das Papier entlang der unteren und der langen Hilfslinien am Halsansatz leicht an, dadurch läßt es sich später besser umfalten.

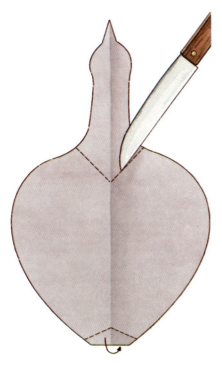

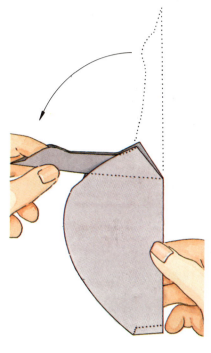

4. Wir legen den Geier wieder zur Hälfte zusammen und klappen dabei das Papier an der unteren Hilfslinie nach innen hoch. Dadurch erhält der Geier seine Standfestigkeit.

5. Jetzt halten wir den zusammengeklappten Geier in einer Hand und ziehen mit der anderen den Hals nach unten, so daß er waagerecht zwischen den Flügeln herausschaut. An der vorher geritzten Linie klappt das Papier fast von selbst um, die Mittellinie am Hals faltet sich nach unten. Wir streichen alles mit dem Fingernagel nach.

6. Die Spitze am Kopf wird der gekrümmte Schnabel. Wir stülpen ihn entlang der Hilfslinien nach unten und streichen die Faltung glatt. Die äußere Schnabelspitze falten wir noch weiter um. Der Geier sitzt jetzt in seiner typischen Stellung vor uns.

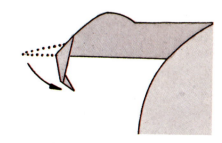

– 1 Bogen graues
   Tonpapier (DIN A4)
– schwarze Tonpapierreste
– dunkles und helles
   Pauspapier
– Bleistift
– Schere
– Lineal
– Pritt Bastelkleber
– Papiermesser oder kleines
   Küchenmesser

Fledermaus

Ein Schwarm solcher Fledermäuse gibt jedem „Burg- und Schloßfest" während der Faschingszeit die richtige, schaurige Atmosphäre. Am besten ist es natürlich, wenn man sie aufhängt. Mehrere Möglichkeiten stehen zur Auswahl: Man kann die Fledermäuse einzeln von der Decke herabhängen lassen oder viele von ihnen an langen Fäden unter der Decke durchs Zimmer flattern lassen. Oder wie wäre es mit einem Mobile?

1. Wir pausen die große Umrißform der Fledermaus von der Schablonenzeichnung auf Seite 217 auf das graue Tonpapier ab. Mit hellem Pauspapier übertragen wir den schmalen Körper und die beiden Innenflächen der Ohren auf das schwarze Tonpapier und schneiden alle Teile aus.

2. Die beiden Innenflächen kleben wir mit Pritt Bastelkleber in die Ohren ein. Sie markieren nun auch die Vorderseite der Fledermaus.

3. Um die Flügelflächen leicht plastisch zu gestalten, legen wir das Lineal zwischen den oberen beiden Flügelspitzen a und den vier unteren Flügelspitzen b an und ziehen das Messer vorsichtig am Lineal entlang von a nach b. Dadurch wird das Papier leicht eingeritzt und läßt sich anschließend viel besser nach hinten knicken.

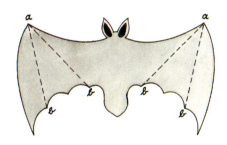

4. Nacheinander knicken wir entlang dieser vier Linien die Flügelflächen nach hinten um, streichen die Kanten mit dem Fingernagel flach und öffnen die Faltungen wieder.

5. Die Fledermaus wird jetzt gewendet, und mit Hilfe von Lineal und Messer werden zwei weitere Faltlinien zwischen den Punkten a und c angeritzt.

6. Entlang der beiden letzten Faltlinien klappen wir diesmal die Flügelteile zur Vorderseite hin um und streichen den Falz wieder mit dem Fingernagel nach. Wenn wir alles richtig gemacht haben, springen die Flügelflächen abwechselnd nach vorne und hinten.

7. Das schmale Teil für den Körper hat ein abgerundetes und ein spitzes Ende. Das abgerundete Ende klappen wir entlang der Hilfslinie nach vorne um, es stellt den Kopf der Fledermaus dar.

8. Wir geben etwas Pritt Bastelkleber knapp unterhalb der Faltlinie auf das Papier und drücken das Teil am Ohrenansatz fest.

9. Mit etwa 1 cm Abstand von der unteren Spitze des grauen Fledermausteils kleben wir die Spitze des schwarzen Körpers fest. Dadurch wölbt sich der schwarze Körper hoch und wirkt plastisch.

Wer seine Fledermaus frei schweben lassen möchte, sticht rechts und links am Rand der Flügel mit der Nadel kleine Löcher ins Papier und zieht zum Aufhängen einen Faden durch.

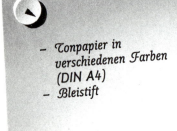

- Tonpapier in verschiedenen Farben (DIN A4)
- Bleistift
- Papiermesser oder kleines Küchenmesser
- Schere
- Pritt Bastelkleber
- Filzstift

Züngelnde Schlangen

„Papierschlangen" – einmal anders. Man kann sie gut als Dekoration verwenden: Zwischen Tellern und Gläsern oder auf dem Buffet schlängeln sie sich durch die Faschingszeit.

1. Mit dem Bleistift zeichnen wir die Umrisse einer stark gewundenen Schlange auf das Tonpapier. Sie soll etwa 2-3 cm breit sein, einen rundlichen Kopf und ein schlanker werdendes Körperende haben. Wichtig ist, daß es keine Überschneidungen auf dem Papier gibt, denn sonst zerfällt die Schlange später in mehrere Teile. Als Anregung können die Vorschläge unten dienen.

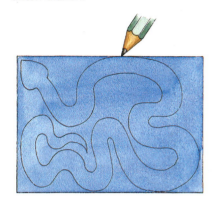

2. Als nächstes zeichnen wir mit dem Bleistift eine dünne Mittellinie in den Körper, sozusagen das Rückgrat. Mit dem Messer ritzen wir dann an dieser Linie das Papier leicht an. Dadurch läßt es sich später besser knicken.

3. Erst jetzt schneiden wir die Umrisse der Schlange aus.

4. Aus Tonpapier in derselben oder in einer anderen Farbe schneiden wir noch eine gespaltene Zunge und kleben sie vorn unter den Kopf. Mit einem Filzstift zeichnen wir zwei schmale Augen auf.

5. Entlang der vorher angeritzten Linie (sie liegt oben) falzen wir den Körper der Länge nach zusammen. Die Schlange erhält so ein plastisches Aussehen und mehr Stabilität, so daß wir sie anschließend gut in Form bringen können.

Vorschläge zum Zeichnen der Schlangen

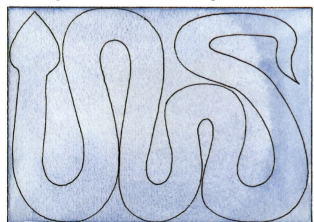

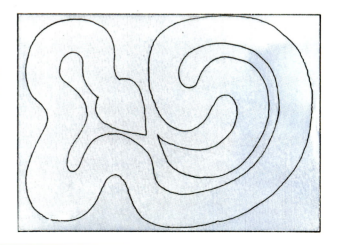

Masken für die Wand

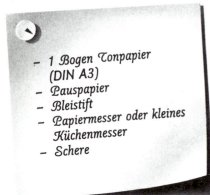

- 1 Bogen Tonpapier (DIN A3)
- Pauspapier
- Bleistift
- Papiermesser oder kleines Küchenmesser
- Schere

Durch Einschneiden, Falten und Biegen lassen sich aus Tonpapier originelle und plastische Maskengesichter herstellen. Die große Maske ist auf dem Vorlagebogen zu finden und wird hier beschrieben. Die kleine Maske ist eine frei erfundene Variante, denn man kann mit dieser Technik ganz leicht neue Ideen entwickeln.

1. Zuerst pausen wir die Maske vom Vorlagebogen auf das Tonpapier ab. Alle durchgezogenen und gestrichelten Linien müssen dabei übertragen werden.

2. Die Umrißformen schneiden wir aus, ebenso werden alle durchgezogenen Linien mit dem Messer oder der Schere eingeschnitten. An allen gestrichelten Linien dagegen wird das Papier nur mit dem Messer leicht angeritzt, denn dann läßt sich das Papier dort später besser falten.

3. Entlang der Mittellinie falten wir das Gesicht so zur Hälfte zusammen, daß die gestrichelten Linien außen liegen. Dann klappen wir die Nase einmal nach rechts und einmal nach links, damit sie nachher gut absteht.

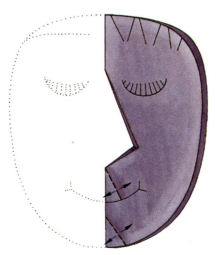

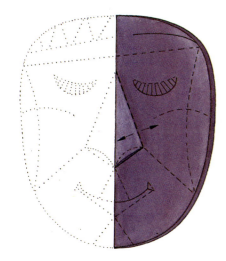

4. Nun falten wir die Maske andersherum zusammen, die Nase schiebt sich dabei fast von selbst nach innen. Jetzt können wir die beiden Dreiecke über und unter dem Mund nach rechts und links klappen, wie wir es vorher bei der Nase gemacht haben. Diese Teile liegen später vertieft in der Maske.

5. Wir klappen die Maske wieder auf und falten die beiden Nasenflügel leicht nach oben. Die kleinen Dreiecke am Mundwinkel klappen wir nach außen, die beiden Teile der Unterlippe nach unten.

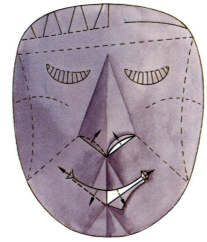

6. Entlang der waagerechten Linie oben, die quer über den Kopf läuft, klappen wir das obere Maskenteil nach vorn. Die Dreiecksformen an der linken Hälfte falten wir anschließend abwechselnd nach oben und nach hinten. Der spitz zulaufende Streifen rechts wird zu einer Locke gedreht, indem wir ihn vorsichtig über eine Schnittkante unserer Schere ziehen.

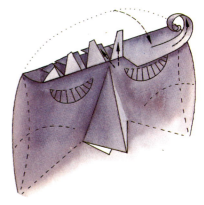

7. Die Wimpern biegen wir nach oben, die seitlichen Wangenteile anschließend nach hinten.

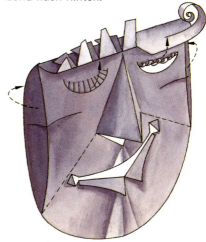

8. Zum Schluß wird die gesamte Mundpartie nach hinten gewölbt. Dazu bilden wir mit den beiden schrägen Linien, die von den unteren Nasenwinkeln nach außen laufen, nacheinander eine scharfe Faltkante.

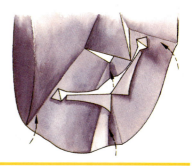

Aufgeblasenes Teufelchen

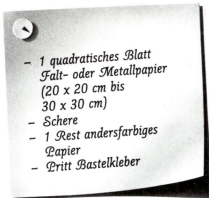

- 1 quadratisches Blatt
  Falt- oder Metallpapier
  (20 x 20 cm bis
  30 x 30 cm)
- Schere
- 1 Rest andersfarbiges
  Papier
- Pritt Bastelkleber

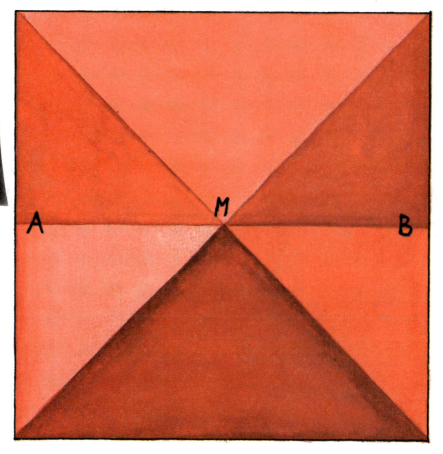

So schwierig, wie es zunächst ausschauen mag, ist das Herstellen des Teufelchens gar nicht. Das Ergebnis wird zumindest jeden erstaunen, sobald aus dem gefalteten quadratischen Blatt Papier eine kugelige Form wird. Nicht nur als Wand- oder Tischschmuck können die Teufelchen dienen – wie wäre es mit einem Mobile aus 5-6 Teufelsköpfen, die man mit Nadel und Faden an einem knorrigen Zweig befestigt?

1. Wir falten das Blatt diagonal zu einem Dreieck zusammen, so daß zwei gegenüberliegende Ecken genau aufeinanderliegen, und öffnen die Form wieder. Danach falten wir die anderen zwei Ecken genauso aufeinander und klappen das Papier wieder auseinander.

2. Dann wenden wir das Blatt so, daß sich der Mittelpunkt vom Tisch abhebt, und falten einmal eine Seite auf die gegenüberliegende. Wir öffnen das Blatt wieder und haben drei sich kreuzende Faltlinien erhalten, wie auf der Zeichnung zu sehen ist. Diese Ausgangsform wird häufig für Faltarbeiten gebraucht. Ein Beispiel ist die Schwalbe von Seite 130; sie wird wie der Teufel begonnen.

3. Wir drücken mit den beiden Mittelfingern auf die Punkte A und B und schieben sie leicht aufeinander zu: der Mittelpunkt hebt sich. Wenn die Punkte A und B zusammenkommen, legen wir die Dreiecksform flach auf den Tisch und streichen alles glatt.

4. Die beiden unteren Ecken des Dreiecks, das obenauf liegt, falten wir nacheinander bis an die gedachte Mittellinie nach oben, die Spitzen liegen auf Punkt M. Es ergibt sich ein auf der Spitze stehendes, geteiltes Quadrat.

5. Die beiden seitlichen Flügel dieses Quadrates falten wir nacheinander zur Mittellinie. Die gestrichelte Linie in der Zeichnung zeigt den Verlauf der Faltung. Man erhält eine Art kleine Tüte. Wir streichen die Faltkanten gut nach und öffnen die Tüte wieder.

ben sich darunter und drücken die Spitze von außen zusammen. Die Kanten des Flügels werden dann bis zur Mittellinie geklappt, so daß die kleine Spitze vom Papier hochsteht.

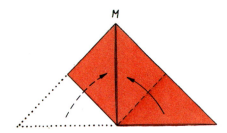

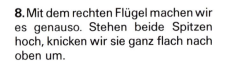

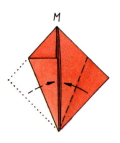

11. Jetzt nehmen wir die neu entstandenen Ecken, also die seitlichen Flügel des Quadrates, und legen sie an der Mittellinie an. Es entsteht wieder eine kleine Tüte.

6. Jetzt drehen wir unsere Faltarbeit so herum, daß die Spitze M nach unten zeigt, und falten die beiden oben liegenden Flügel wieder von unten bis an die Mittellinie, so daß sich eine neue Tüte ergibt. Die gestrichelte Linie zeigt wieder den Verlauf der Faltung. Nachdem wir alle Kanten mit dem Fingernagel gut nachgezogen haben, öffnen wir die Tüte.

8. Mit dem rechten Flügel machen wir es genauso. Stehen beide Spitzen hoch, knicken wir sie ganz flach nach oben um.

12. Nachdem wir die Faltkanten gut nachgezogen haben, öffnen wir die Tüte und drehen (nicht wenden!) die Faltarbeit auf der Tischplatte so, daß die Spitze M nach unten zeigt.

13. Wir falten die Ecken jetzt wieder von unten an die Mittellinie heran, es entsteht auch hier eine nach oben offene Tüte. Wir streichen die Faltungen gut nach und öffnen die Tüte.

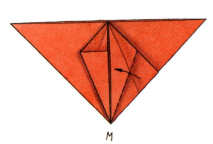

9. Nun wenden wir die Faltarbeit, so daß alle bisherigen Faltungen nach unten zum Tisch zeigen. Punkt M liegt jetzt wieder oben. Die nächsten Arbeitsgänge sind fast genauso wie auf der anderen Seite.

10. Wir falten die unteren Ecken des Dreiecks nach oben auf Punkt M. Wir erhalten wieder ein auf der Spitze stehendes Quadrat, das in der Mitte geteilt ist.

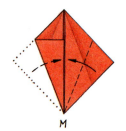

7. Den Zeigefinger der linken Hand legen wir jetzt auf die linke Flügelspitze des Quadrates, Daumen und Mittelfinger der gleichen Hand schie-

14. Wie bei Schritt 7 drücken wir die Spitze des linken Flügels bis an die sich überschneidenden Faltlinien zusammen und klappen die Flügelkanten bis an die Mittellinie. Die Flügelspitze steht senkrecht hoch. Nun der rechte Flügel.

16. An den beiden zuletzt hochgestellten Flügelspitzen halten wir fest und blasen sehr kräftig an der Schnittstelle in unser Faltgebilde hinein. Das Papier bläht sich kugelig auf, die langen, spitzen Hörner springen oben heraus.

17. Wir drehen den Teufel herum, das Loch ist jetzt an seinem Hinterkopf. Vorne sehen wir jetzt genau auf Punkt M, das ist jetzt die Nasenspitze unseres Teufels. Darunter klappen wir die zwei schmalen Spitzen als gespaltene Zunge heraus.

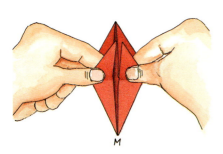

15. Wenn wir beide Spitzen flach nach oben klappen, sieht unsere Faltung schließlich aus wie auf der Zeichnung. Wir schneiden nun mit der Schere ein kleines Stück von der obersten Spitze ab.

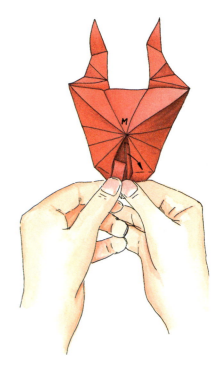

18. Aus andersfarbigem Papier schneiden wir noch zwei schmale Augen und kleben sie mit Pritt Bastelkleber an.

Basteln in der Osterzeit

Ob man nun an den Osterhasen glaubt oder nicht – auf Ostern freuen sich alle. Und da die Vorfreude die schönste Freude ist – sagt der Volksmund -, wollen wir mit den unterschiedlichsten Bastelvorschlägen dazu beitragen, die vorösterliche Zeit mit schönen Aktivitäten noch mehr ins Bewußtsein zu rücken. Die Tage werden immer länger, die Sonne lockt die ersten Blüten heraus, und zaghaftes, frisches Grün zeigt den kommenden Sommer an. Diese Stimmung spiegelt sich auch in den Bastelvorschlägen wider. Viele von ihnen sind so leicht, daß man sie gut mit Kindern nacharbeiten kann. Und warum sollte man dem schwer beschäftigten Osterhasen nicht ein wenig helfen und das Osternest selber basteln? Wo er es nachher schließlich versteckt und was er hineintut, darauf ist dann jedes Kind ganz besonders gespannt.

- 1 Stück feste Pappe
  (6 x 17 cm)
- Lineal
- Bleistift
- Schere
- Pauspapier
- 1 Blatt weißes Zeichen-
  papier (DIN A3)
- Wasserfarben
- Pinsel
- 1 Pappröhre aus einer
  Haushaltspapierrolle
- 1 Bogen grünes
  Tonpapier (etwa DIN A2)
- Pritt Bastelkleber

Bunte Frühlingswiese

Solch eine gedruckte Frühlingswiese ist ein schöner Wandschmuck in der Osterzeit. Und dabei kann sie jeder ohne zeichnerisches Können ganz leicht mit selbst hergestellten Papp-stempeln nacharbeiten.

1. Zuerst schneiden wir aus dem Stück Pappe unsere Druckstempel zurecht. Dazu teilen wir die Pappe der Länge nach mit Lineal und Bleistift in zwei gleichgroße Teile (3 x 17 cm) und schneiden sie mit einem sehr geraden Schnitt durch. Der eine Streifen wird für die langen Gräser zur Seite gelegt. Vom anderen Stück schneiden wir einen 7 cm langen Streifen für das kleine Gras ab.

2. Auf das verbleibende Stück pausen wir von den Schablonenzeichnungen auf Seite 223 die Umrisse dreier verschiedener Blattformen ab und schneiden sie aus. An den gepunkteten Linien biegen wir die kleinen Stiele nach oben, mit denen wir die Blätter beim Drucken gut anfassen können.

3. Wir beginnen mit den Gräsern. Dazu bestreichen wir jeweils die Kante an einer Längsseite der beiden Pappstreifen mit grüner Farbe und drucken sie auf das Papier ab. Wenn wir die Kanten nicht jedesmal wieder neu einfärben, entstehen verschieden helle Gräser. Schön sieht es aus, wenn man schon vorher mehrere Grüntöne mischt und wenn die Gräser sich im Wind wiegen.

4. Als nächstes drucken wir die grünen Blätter. Dazu bestreichen wir diesmal die Flächen des langen und des abgewinkelten Blattes mit grüner Farbe und stempeln sie in verschiedener Höhe und Neigung an die Gräser.

5. Nun fehlen noch die Blüten. Mit dem kleinen Blättchen stempeln wir kreisförmig bunte Blüten auf das Papier. Die Größe bestimmen wir, indem wir nur wenige oder viele Blütenblätter zusammensetzen.

6. Aus der runden Kante unserer Papphülle entstehen die großen, luftigen Blüten. Am besten stempelt

man zuerst das Blüteninnere und ordnet dann rundherum die äußeren Ringe an. Wir können die Kreise nur wenig versetzt, weit auseinander und natürlich auch mit verschiedenen Farben drucken. Der Phantasie sind bei dieser Technik keine Grenzen gesetzt.

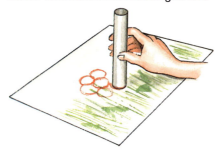

7. Wir lassen das fertige Bild gut trocknen und legen es dann so auf unser Tonpapier, daß oben und an beiden Seiten ein etwa gleichbreiter Rand zu sehen ist. Unten dagegen soll er etwa dreimal so breit sein wie an den anderen Seiten. Damit die Proportionen stimmen, kann man auch noch seitlich etwas Tonpapier abschneiden.

8. Liegt das Bild endlich richtig, umzeichnen wir den Umriß an allen vier Seiten mit Bleistift und legen es wieder zur Seite.

9. Etwa 1 cm innerhalb dieses Bleistiftrahmens zeichnen wir mit Lineal und Bleistift einen zweiten und radieren dann die erste Umrißlinie wieder aus.

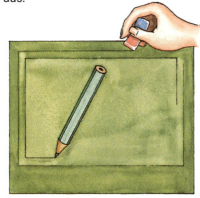

10. Oberhalb des unteren Strichs ziehen wir nun eine Wellenlinie zwischen der rechten und linken Bleistiftlinie. Sie soll sich ungefähr 3-5 cm von der geraden Linie auf- und abbewegen. Danach schneiden wir das Innenfeld (auf der Zeichnung ist es schraffiert) bis zu dieser Wellenlinie aus. Der Rahmen ist nun fast fertig.

11. Mit der Schere schneiden wir nun das Tonpapier dicht nebeneinander fransig ein, und zwar immer von der Wellenlinie aus nach unten zur geraden Bleistiftlinie. Ist das Gras fertig, fahren wir mit der Hand so über die Spitzen, daß sie sich in verschiedene Richtungen biegen.

12. Zum Schluß bestreichen wir den Tonpapierrahmen zuerst an den drei geraden Innenkanten mit Pritt Bastelkleber. Unten tragen wir den Klebstoff nicht auf den Gräsern, sondern etwas unterhalb der Bleistiftlinie auf. Dann kleben wir das Bild mit der farbigen Seite nach unten auf den Ausschnitt. Wenn wir alles herumdrehen, wächst vor der Wiese Gras aus Tonpapier.

Hase mit Osterkörbchen

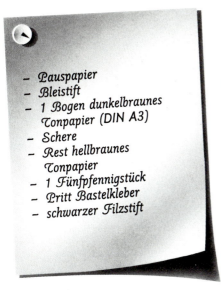

6. Danach richten wir das Körbchen auf. Die Dreiecke, die auf der Zeichnung gestrichelt dargestellt sind, werden auf den Boden geklebt. Bevor der Pritt Bastelkleber trocken ist, prüfen wir, ob die Hasenpfoten gut durch die dafür vorgesehenen Schlitze passen. Deshalb richten wir auch den Hasenkörper auf und schieben die Pfoten durch die beiden Schlitze nach vorn.

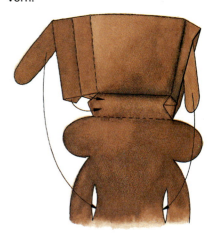

3. Für die Hasenaugen ziehen wir die Umrisse des Fünfpfennigstücks mit Bleistift auf hellbraunem Papier nach und schneiden den Kreis aus. Wir knicken ihn einmal auf die Hälfte zusammen und schneiden ihn an dem Knick auseinander. Diese beiden Halbkreise kleben wir mit der geraden Linie nach unten als Augen auf.

Benötigtes Material:

- Pauspapier
- Bleistift
- 1 Bogen dunkelbraunes Tonpapier (DIN A3)
- Schere
- Rest hellbraunes Tonpapier
- 1 Fünfpfennigstück
- Pritt Bastelkleber
- schwarzer Filzstift

Wer sitzt denn da im Grase? Der Hase! Aber einer, der es in sich hat. Auf seinem Rücken verbirgt er nämlich ein Körbchen, in welchem kleine Überraschungen Platz haben.

1. Vom Vorlagebogen pausen wir mit Pauspapier und Bleistift die Umrisse des Hasen mit allen durchgezogenen Linien auf das dunkelbraune Tonpapier ab. Auch die gestrichelten Linien werden übertragen, denn hier wird später das Papier geknickt.

2. Danach schneiden wir an allen durchgezogenen Linien die Hasenform aus. An den beiden Schlitzen am Bauch muß man besonders vorsichtig arbeiten. Am besten geht das, wenn man zuerst ein kleines Loch mitten in die Schlitzformen sticht und dann erst auf die Linien zuschneidet.

4. Mit dem schwarzen Filzstift malen wir die Pupillen auf, darunter zeichnen wir das Schnäuzchen und einige Schnurrbarthaare. Wer will, kann statt dessen feine Streifen aus hellem Papier ausschneiden und sie als Barthaare aufkleben.

5. Nun wenden wir den Hasen so, daß sein Gesicht zur Arbeitsfläche zeigt. Dann knicken wir das Papier an allen gestrichelten Linien nach oben um.

7. Damit das Körbchen beim Füllen nicht auseinanderfallen kann, geben wir etwas Pritt Bastelkleber auf die Rückseite des Hasen direkt neben die zwei Schlitze und drücken das Körbchen dort an, bis es fest klebt. Jetzt können wir kleine Leckereien oder andere Überraschungen dort verstecken.

Scherenschnitteier

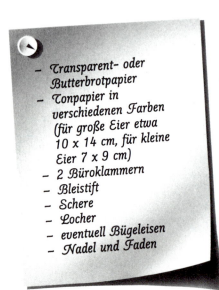

- Transparent- oder Butterbrotpapier
- Tonpapier in verschiedenen Farben (für große Eier etwa 10 x 14 cm, für kleine Eier 7 x 9 cm)
- 2 Büroklammern
- Bleistift
- Schere
- Locher
- eventuell Bügeleisen
- Nadel und Faden

Diese dekorativen Eier aus Papier sind schnell hergestellt und lassen sich in einer österlichen Dekoration auch gut mit den Tauben von Seite 162 kombinieren. Dabei sollte man darauf achten, daß die Farben der Vögel und die der Scherenschnitteier miteinander harmonieren. Wer die Muster nicht selbst entwerfen möchte, kann sich an die Vorlagen gegenüber halten.

1. Zunächst pausen wir alle Linien der fünf Vorlagen auf das transparente Papier ab und schneiden nur die Umrißformen der Eihälften aus.

2. Dann falten wir die Tonpapierstücke einmal der Länge nach zur Hälfte zusammen und legen die passenden Vorlagen so auf das Papier,

daß die geraden Seiten der Schablonen genau auf den Faltkanten des Tonpapiers liegen. Wir halten dann alles mit zwei Büroklammern fest.

3. Dann stanzen wir mit dem Locher die Kreise aus. Alle Negativformen und die Eiumrisse schneiden wir aus dem doppelt liegenden Tonpapier mit der Schere aus.

4. Nach dem Aufklappen der Eier streichen wir die mittleren Knicke so gut es geht glatt, ansonsten hilft uns auch ein Bügeleisen. Zum Schluß ziehen wir Fäden durch die Spitzen der Eier und hängen sie an die Zimmerdecke, oder ans Fenster in einen Osterstrauß. Wer will, kann auch weißes Seidenpapier dahinterkleben.

Abpausvorlagen

- 1 Eierkarton für 6 Eier
- Schere
- alte Zeitungen
- Wasserfarben
- Pinsel
- Pauspapier
- Bleistift
- etwas rotes Tonpapier (etwa 5 x 5 cm)
- kleines Küchenmesser
- Pritt Bastelkleber
- etwas schwarzes Papier
- eventuell Locher
- Reste von buntem Faltpapier
- etwas Ostergras

Bewachtes Osternest

Gleich zwei aufmerksame Hähne bewachen dieses Nest mit seinen österlichen Überraschungen. Und doch wird auch dieses Körbchen einmal leer sein. Es läßt sich aber dann als hübscher Behälter für allerlei Kleinigkeiten verwenden.

1. Von dem Eierkarton schneiden wir mit der Schere den Deckel ab. Den vorderen Rand schneiden wir bis zur Höhe der Abtrennungen zwischen den drei Kammern herunter. Aus den beiden hochragenden „Säulen" werden wir die Hähne basteln.

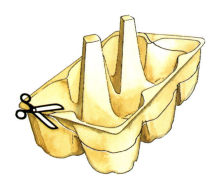

2. Wir decken unsere Arbeitsplatte mit alten Zeitungen ab und malen den Eierkarton mit Wasserfarben in leuchtendem Orangegelb an.

3. Während der Karton trocknet, bereiten wir alle anderen Teile vor. Mit Pauspapier und Bleistift übertragen wir das Teil für Kamm und Schnabel sowie den Kehllappen je zweimal auf rotes Tonpapier und schneiden alles aus.

Abpausvorlagen

4. Für die Augen schneiden wir vier gleichgroße Kreise aus schwarzem Papier aus. Wer einen Locher zur Hand hat, kann sie auch bequem ausstanzen.

5. Wenn der Karton trocken ist, schneiden wir in die beiden Säulen je eine senkrechte Spalte von etwa 1 cm Tiefe ein, und zwar sollen sie so verlaufen, daß sich später die beiden Hähne leicht einander zuwenden.

6. Jetzt stecken wir die Hahnenkämme mit den Schnäbeln in die Einschnitte und kleben mit Pritt Bastelkleber die Kehllappen und die Augen auf.

7. Unsere Hähne brauchen noch prächtige Schwanzfedern. Wir stellen sie aus buntem Papier her, das wir in schmale, lange Streifen von etwa 0,5 x 14 cm schneiden.

8. Ungefähr 20 bis 30 solcher Streifen kleben wir an einem Ende zusammen. Damit sie auch hübsch geschwungen sind, ziehen wir sie von diesem Ende aus vorsichtig über einen Bleistift.

9. Zum Schluß kleben wir die buschigen Hahnenfedern mit Pritt Bastelkleber an und setzen etwas Ostergras in die Mulden. Da hinein stellen wir bunte Eier, oder wir verstecken dort kleine Überraschungen.

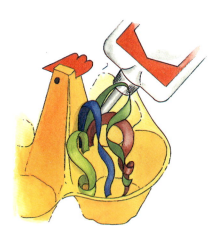

Hahn und Hühner

Dieses muntere Hühnervolk ist eine hübsche Dekoration für den Osterstrauß, die Eier drehen sich bei jeder leisen Luftbewegung. Während der vorösterlichen Backzeit sollte man also nicht einfach alle Eier wie immer aufschlagen, sondern einige von ihnen für solche Bastelein ausblasen. Man kann sie auch für das Mobile auf Seite 75 verwenden.

1. Je nach Größe des Hühnervolkes brauchen wir die entsprechende Anzahl Eier. Um die rohen Eier auszublasen, durchbohren wir sie der Länge nach mit einer dünnen Stricknadel und blasen so lange in eines der Löcher, bis der Inhalt aus dem anderen herauskommt. Anschließend wird das Ei gut mit Wasser ausgespült und mit Küchenkrepp getrocknet.

2. Wir pausen die Vorlagen für den Hahn (Kamm, Kehllappen und Schnabel) einmal, die Teile für die Hühner mehrmals auf rotes Tonpapier ab, je nach der Anzahl der ausgeblasenen Eier. Alle Formen schneiden wir an den Umrißlinien entlang aus.

3. Bevor wir nun den Hahn dekorieren, müssen wir zuerst für die Aufhängung sorgen. Dazu brechen wir das Köpfchen von einem Streichholz ab, binden an der Mitte des Hölzchens einen dünnen Faden an und geben zur Sicherheit ein wenig Pritt Bastelkleber an die Verknotung. Sobald der Klebstoff trocken ist, lassen wir das Streichholz in das Ei fallen. Wenn wir nun vorsichtig am Faden ziehen, legt sich das Hölzchen quer und kann nicht mehr heraus – die Aufhängung ist fertig.

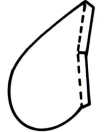

4. Jetzt schneiden wir den Hahnenkamm am unteren Rand an der dafür vorgesehenen Stelle bis zur gestrichelten Linie ein. Wir klappen jetzt ein Teil entlang dieser Linie nach vorne, das andere nach hinten, geben etwas Pritt Bastelkleber darunter und kleben den Kamm oben auf das Ei.

5. Der Schnabel wird an der gestrichelten Linie geknickt und vorn am Ei angeklebt.

6. Den Kehllappen schneiden wir wie beim Kamm an der dafür vorgesehenen Stelle ein und falten die zwei Streifen zum Ankleben an der gestrichelten Linie wieder nach vorn und hinten. Wir kleben ihn genau unter dem Schnabel fest.

7. Die Augen malen wir mit schwarzem Filzstift auf.

8. Den buschigen Hahnenschwanz stellen wir aus verschiedenfarbigen Papierstreifen her. Wir schneiden Streifen von 6-16 cm Länge zurecht und kleben sie an einem Ende zusammen. Damit sie schön buschig aussehen, ziehen wir sie immer von der gleichen Seite aus einzeln über einen Bleistift oder eine Schneidefläche der Schere. Dann kleben wir die Schwanzfedern so an das untere Ende des Eies, daß sie sich nach oben kringeln.

9. Jetzt wenden wir uns den Hühnern zu. Wir beginnen wie beim Hahn mit der Streichholzaufhängung und kleben dann die kleineren Kämme, Schnäbel und die Kehllappen an. Die Augen werden wieder mit Filzstift gemalt.

10. Die Hühnerschwänze werden nicht so prachtvoll wie beim Hahn hergestellt. Aus gelbem Tonpapier schneiden wir diesmal nur jeweils drei sehr schmale Streifen aus (etwa 7 cm lang), kringeln sie und kleben sie am unteren Ende der Eier an.
Sobald der Klebstoff trocken ist, hängen wir das ganze Hühnervolk verteilt in einen Osterstrauch.

Abpausvorlage für die Hühner

Abpausvorlage
für den Hahn

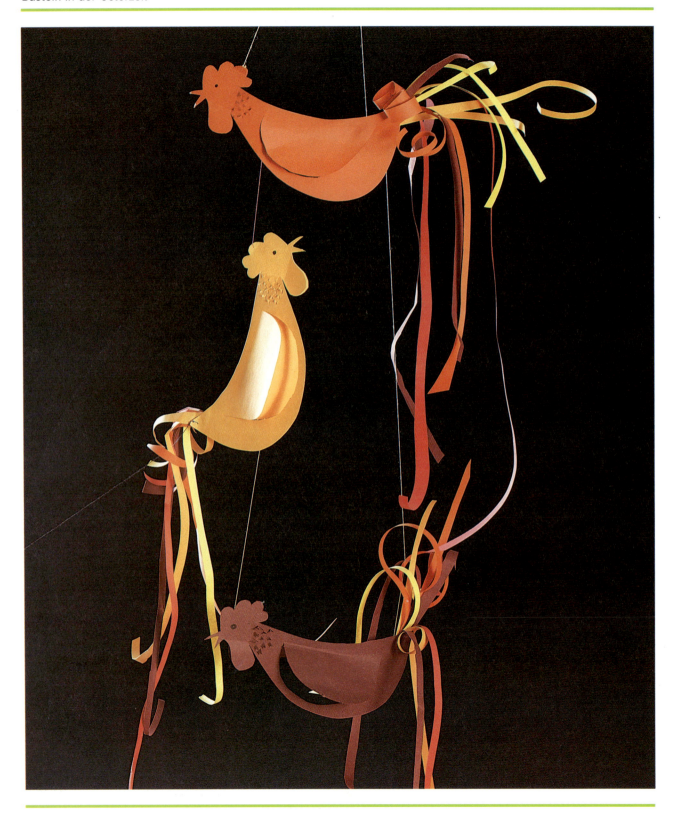

Prachtvoller Hahn

- 1 Bogen Tonpapier in einem Rot- oder Gelbton
- (13 x 21 cm)
- Pauspapier
- Bleistift
- Schere
- schwarzer Filzstift
- Papiermesser oder kleines Küchenmesser
- fester Karton als Unterlage
- Tonpapierreste in verschiedenen Rot- und Gelbtönen
- Lineal
- Pritt Bastelkleber
- Nadel und Faden

Dieser prachtvolle Hahn, besonders wenn er in einer ganzen Schar auftritt, ist eine hübsche Raumdekoration in der Osterzeit. Man kann ihn an einen Osterstrauß hängen, an die Lampe über dem Tisch, unter die Decke oder ans Fenster.

1. Von der Schablonenzeichnung auf Seite 224 pausen wir den Hahn zweimal auf das Tonpapier ab und schneiden die Form jeweils entlang der Umrißlinie aus.

2. Dann legen wir beide Teile genau aufeinander und malen mit dem schwarzen Filzstift die Augen auf. So haben wir die Außenseiten markiert. Beide Hahnhälften werden anschließend einzeln weiterbearbeitet.

3. Als nächstes legen wir die Teile auf die Unterlage aus fester Pappe und schneiden mit dem Messer jeweils den Flügelbogen und die spitzen Halsfedern ein. Dann werden beide Flügel und die Federn jeweils auf der Außenseite leicht nach oben gebogen. Die Flügel sollen dabei eine schöne Rundung erhalten.

4. Entlang der gestrichelten Linien klappen wir noch die beiden Kehllappen an der Außenseite leicht nach oben.

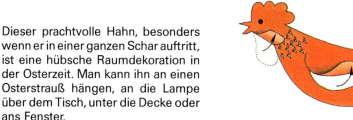

5. Sind beide Hälften so vorbereitet, schneiden wir für den buschigen Schwanz etwa 10-14 Streifen aus Tonpapier zurecht. Sie sollen verschiedenfarbig sein, von verschiedener Länge (zwischen 10 und 50 cm) und etwa 1 cm breit oder schmaler. Damit sie sich schön kringeln, ziehen wir sie vorsichtig einzeln über eine Schneidefläche unserer Schere. Anschließend kleben wir alle Streifen zu einem Büschel zusammen.

6. Bevor wir den Hahn zusammensetzen, kleben wir die Schwanzfedern an einer der Hahnhälften so am Körperende fest, daß sie später zwischen den beiden Papierschichten liegen.

7. Schließlich kleben wir den Hahn zusammen. Dabei müssen wir darauf achten, daß man den Pritt Bastelkleber nicht auf die Flügel, auf die Halsfedern oder die Kehllappen streicht, denn sonst können diese Teile ja nicht mehr vom Körper abstehen.

8. Sobald der Klebstoff trocken ist, ziehen wir mit der Nadel einen langen Faden durch den Hahnenkamm und das Körperende. So können wir beim Aufhängen bestimmen, ob der Hahn eher waagerecht hängen oder stolz aufgerichtet krähen soll.

Ei-Tangram

- 1 kleiner Bogen Fotokarton (DIN A5) oder Fotokartonreste (mit nicht zu starken Farbkontrasten)
- Pauspapier
- Bleistift
- Schere

Tangram nennt man eine bestimmte Art von Puzzle, ein Legespiel, das aus China zu uns gekommen ist. Durch die klaren und einfachen Formen entsteht zuerst der Eindruck, als wäre solch ein Spiel leicht zu bewältigen – aber dieser Eindruck trügt. Unser Tangram in Eiform ist, einmal in seine Bestandteile zerlegt, gar nicht so leicht wieder zusammenzufügen.

1. Um das Spiel herzustellen, pausen wir die Formen von der Schablonenzeichnung auf Seite 218 auf den Fotokarton ab. Werden Kartonreste verwendet, muß man gegebenenfalls alle Teile des Tangrams separat abpausen. Man sollte bei der Farbzusammenstellung aber bedenken, daß ein sehr buntes Tangram schwieriger zu bewältigen ist als ein einfarbiges,

denn die großen Farbkontraste lenken oft von der Umrißform des Ganzen ab.

2. Schließlich werden alle Teile ausgeschnitten – fertig ist das Puzzle.

Hat man im Zusammenlegen des Eis schon Perfektion erlangt, kann man aus den Teilen natürlich auch ganz andere Formen zusammenfügen. Der Phantasie sind hier keine Grenzen gesetzt. Wichtig ist aber immer folgende Regel: Es müssen alle Teile verwendet werden, und sie dürfen nirgendwo übereinanderliegen.
Wer gerne tüftelt, der sollte gleich einmal versuchen, die abgebildeten Vögel nachzulegen. Hier werden sie natürlich nur als Schattenrisse dargestellt, damit man nicht gleich sieht, wie es gemacht wird.

Legebeispiele

Transparenter Baum

- 1 Bogen braunes, transparentes Drachenpapier (30 x 40 cm)
- Bleistift
- helles und dunkles Pauspapier
- Schere
- mehrere Bögen transparentes Drachenpapier in verschiedenen Grün- und Gelbtönen
- Pritt Bastelkleber
- transparenter Klebefilm

Wer sehnt während der Osterzeit nicht schon den Sommer herbei? Wenn wir uns einen prachtvollen Baum ans Fenster hängen, holen wir uns die schönste Jahreszeit schon etwas früher in unser Heim. Baumformen gibt es viele, wir kennen kleine, gedrungene Bäume, schlanke Nadelbäume, hochaufragende Laubbäume und solche mit ausladenden Kronen. Am besten entwirft man eine ganze Reihe und hängt sich gleich einen „Wald" an die Scheibe.

1. Wer sich nicht zutraut, einen eigenen Baum zu entwerfen, überträgt vom Vorlagebogen den Stamm und all seine kahlen Äste mit hellem Pauspapier auf das braune Drachenpapier. Anschließend schneiden wir die Form sorgfältig aus.

2. Für das Blätterdach schneiden wir aus dem gelben und grünen Drachenpapier etwa 30 unregelmäßig und rundlich geformte Teile aus, die etwa die Größe unseres Handtellers haben sollten. Es reicht auch schon, wenn man die drei abgebildeten Umrißformen jeweils etwa zehnmal auf die verschiedenfarbigen Papiere abpaust und ausschneidet.

3. Dann verteilen wir alle Teile des Laubdaches einmal probeweise in der Baumkrone. Dabei sollen die Farben und Formen gut gemischt werden, und vor allem sollen sie sich überschneiden, damit sich die Farben optisch mischen: es entstehen viele neue Grüntöne.

4. Sind wir mit der Baumkrone zufrieden, kleben wir alle Teile mit Pritt Bastelkleber fest. Wer will, kann auch noch den Stamm etwas lebendiger gestalten. Dazu beklebt man ihn an einigen Stellen mit dem braunen Drachenpapier, so daß dieses dunkle Braun wie Schatten wirkt.

5. Schließlich befestigen wir den fertigen Baum mit transparentem Klebefilm am Fenster. Und wer Lust hat, kann den Baum und die Umgebung noch weiter ausgestalten – mit Gras, Äpfeln, einem Eichhörnchen oder anderen Dingen.

Abpausvorlagen

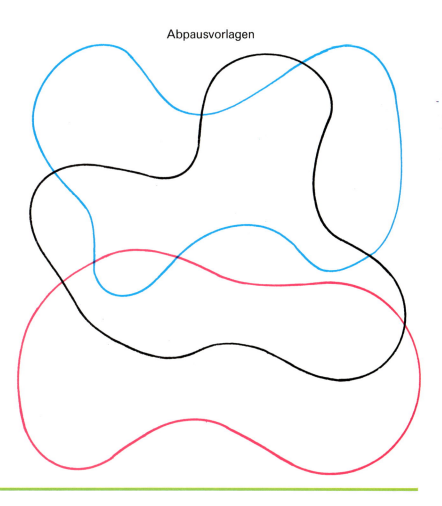

Eiermobile

- Pauspapier
- Bleistift
- 1 Bogen dünne Pappe (30 x 30 cm)
- alte Zeitungen
- Papiermesser oder kleines Küchenmesser
- Schere
- Wasserfarben und Klarlack zum Sprühen (oder Bastellack)
- Pinsel
- 3 ausgeblasene und bemalte Eier
- 3 Streichhölzer
- Nadel und Faden

Ein sehr wirkungsvoller Osterschmuck sind diese Eiermobiles. Die einzige Schwierigkeit besteht darin, das scherenschnittartige Muster aus dem dünnen Karton auszuschneiden. Doch wer etwas Geduld hat, wird sich über das Ergebnis freuen.

1. Mit Pauspapier und Bleistift übertragen wir das Muster vom großen Vorlagebogen auf die Pappe, also alle Linien und die vier Punkte.

2. Zunächst arbeiten wir das Motiv im Kreisinnern heraus. Dazu legen wir eine dicke Lage alte Zeitungen glatt auf unsere Arbeitsfläche und darauf die Pappe. Mit dem Papier- oder Küchenmesser schneiden wir an allen Linien entlang die überflüssigen Flächen heraus. Dabei soll die Pappe nicht verknickt werden. Wenn alle Teile herausgeschnitten sind, begradigen wir mit der Schere noch einige Unebenheiten.

3. An den vier Punkten durchstechen wir die Form mit einer spitzen Stopfnadel, dort werden nach dem Bemalen die Eier und das gesamte Mobile aufgehängt. Schließlich schneiden wir mit der Schere den äußeren Kreis aus.

4. Das fertig geschnittene Mobile malen wir mit Wasserfarben einfarbig an. Damit die Farbe gleichmäßig wird, beginnen wir auf der einen Seite und malen erst nach dem Trocknen auf der anderen weiter. Wenn alles trocken ist, besprühen wir beide Seiten mit Klarlack. Dadurch werden die Farben schön kräftig. (Wer gleich farbigen Bastellack verwendet, kann sich den Klarlack sparen.)

5. Jetzt hängen wir die ausgeblasenen Eier auf. Wir brechen zunächst von einem Streichholz den Kopf ab und binden in der Mitte einen dünnen Faden fest an. Dann lassen wir das Hölzchen in ein bemaltes Ei fallen. Wenn wir jetzt leicht an dem Faden ziehen, legt sich das Streichholz quer, es kann nicht mehr herausrutschen – und das Ei hat eine Aufhängung. So verfahren wir auch mit den anderen beiden Eiern.

6. Um die Eier in dem hübschen österlichen Rahmen zu befestigen, fädeln wir die Aufhängefäden in eine Nadel und ziehen sie durch die dafür vorgesehenen Löcher. Wenn die Eier so hängen, daß sie sich frei in den ausgeschnittenen Feldern bewegen können, knoten wir die Fäden fest. Schließlich ziehen wir durch das obere Loch im Kartonrand ein langes Stück Garn, mit dem wir das Mobile aufhängen.

Geschenke für groß und klein

Je mehr wir uns über eine Einladung freuen, desto intensiver denken wir darüber nach, womit wir unserem Gastgeber eine Freude bereiten können. Wer etwas Selbstgebasteltes schenken möchte, hat manchmal jedoch nicht sofort die passende Idee – und dabei kommen solche individuellen Geschenke immer ganz besonders gut an.
Mit unseren Vorschlägen wollen wir für solche Fälle ein paar Hilfestellungen geben. Doch müssen die hier gezeigten Sachen natürlich nicht unbedingt verschenkt werden: Mit einem hübschen Bild oder einem praktischen Utensil kann man sich auch selbst eine Freude machen.
Falls jemand noch mehr Anregungen sucht, findet er sie gewiß beim Durchblättern der übrigen Kapitel.

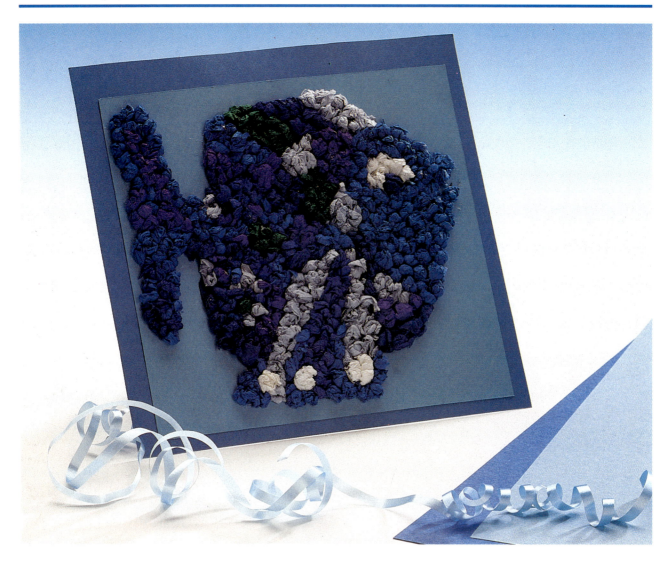

- Kreppapier in
  3 Blautönen,
  2 Violettönen, in Grün
  und in Weiß
- Lineal
- Schere
- 7 Unterteller

- Pauspapier
- Bleistift
- 1 Bogen hellblaues
  Tonpapier (19 x 16,5 cm)
- Pritt Bastelkleber
- 1 Bogen mittelblaues
  Tonpapier (21 x 18,5 cm)

Fisch aus Kreppapier

Aus Kreppapier lassen sich leicht hübsche Bilder anfertigen, die als kleine Geschenke bestimmt viel Freude bereiten. Unser Fisch ist ein Beispiel dafür. Aber auch andere Dinge lassen sich sehr gut auf diese Weise darstellen, zum Beispiel ein Segelschiff, ein Haus oder ein Baum.

1. Wir schneiden von dem Kreppapier viele etwa 3 cm breite Streifen ab. Wer eine kräftige Schere hat, kann gleich ein 3 cm breites Stück von einem Ende des aufgerollten Papiers abschneiden. Dann reißen wir es in quadratische Stücke, die wir anschließend zwischen den Fingern zu festen Kügelchen rollen und als Vorrat beiseite legen. Am besten ist es, wenn jede Farbe ein eigenes Tellerchen bekommt.

Wieviele Kügelchen von jeder Farbe man tatsächlich braucht, hängt natürlich von der Größe der Form und vom Muster ab, aber auch davon, wie dicht man die Kügelchen beim Aufkleben aneinanderschiebt. Für den abgebildeten Fisch werden insgesamt etwa 500 Kügelchen gebraucht, das heißt, daß wir genügend Streifen schneiden müssen.

2. Die Fischform pausen wir von der Vorlage ab und übertragen sie auf das hellblaue Tonpapier.

3. Wir streichen Klebstoff auf einen kleinen Teil des Fischkopfes und beginnen mit dem Auskleben. Das Auge leuchtet gut aus der nur mit Mittelblau gestalteten Fläche heraus.

4. Beim übrigen Körper lassen wir unserer Phantasie freien Lauf. Das farbige Schillern der Fischschuppen kommt gut durch die unterschiedlichen Farbtöne heraus. Wer will, kann sich bei seinem Schuppenmuster vom Foto inspirieren lassen. Nach Möglichkeit sollen alle äußeren Bleistiftlinien von den Randkügelchen überklebt sein.

5. Ist unser Fischbild fertig, kleben wir es auf das mittelblaue Tonpapier. Der dunkle Rand wirkt nun wie ein Rahmen, und unser Bild kann verschenkt werden.

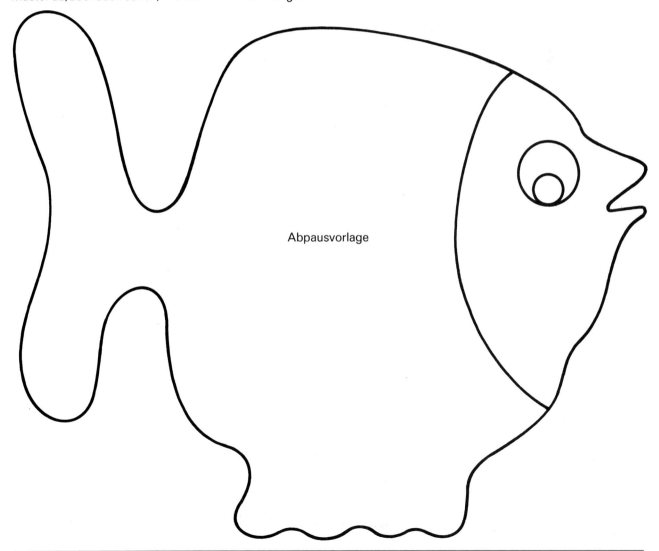

Abpausvorlage

Obst aus Papiermaché

- Metylan spezial Instant-Kleister
- Schüssel mit Wasser
- altes Zeitungspapier (normale Tageszeitung, keine glatten Illustrierten)
- Wasserfarben
- Pinsel
- klarer Sprühlack

Ein Körbchen mit diesem Obst ist ein ideales Mitbringsel für einen kleinen Kaufladenbesitzer. Neben den abgebildeten Obstsorten lassen sich natürlich auch andere Früchte (Kirschen, Pflaumen, Apfelsinen, Zitronen, Ananas) und auch Gemüse herstellen (Zucchini, Tomaten, Zwiebeln und so weiter).

Zu Beginn sorgen wir für eine Arbeitsunterlage, die Nässe verträgt und sich abwischen läßt. Am besten ziehen wir

uns auch unempfindliche Kleidung über, etwa einen Kittel oder ein altes Herrenhemd. Als nächstes rühren wir etwa 2 Eßlöffel Metylan in der Schüssel mit Wasser an; die genaue Verdünnung ist auf der Kleisterpackung angegeben. Dann lassen wir die Masse 3 Minuten quellen. Nun kann es mit dem Obst losgehen.

Apfel

1. Wir breiten einen Doppelbogen Zeitungspapier auf der Arbeitsplatte aus und bestreichen ihn mit den Fingern auf der gesamten Oberseite gründlich mit Kleister. Anschließend knüllen wir ihn zu einer prallen Kugel zusammen.

2. Um diese Form gut zusammenzuhalten, bestreichen wir zusätzlich einen einfachen Zeitungsbogen mit Metylan und wickeln ihn um die Kugel.

3. Eine Ecke des Papiers lassen wir jedoch abstehen und verzwirbeln sie zu einem Apfelstiel, an dessen Ende ein kleines Blättchen sitzt.

4. Jetzt kleistern wir den unbedruckten Zeitungsrand eines Bogens ein, zerreißen ihn in kleine Schnipsel und kleben sie so lange mosaikartig über die Oberfläche des Apfels, bis kein bedrucktes Papier mehr zu sehen ist. (Das ist für die spätere Bemalung wichtig, denn dann wird sie gleichmäßiger.)

5. Einen Tag lang muß der Apfel trocknen, bevor wir ihn mit Wasserfarben bemalen. Am natürlichsten sieht es aus, wenn man ihn gelb untermalt und nach dem Trocknen der Farbe mit rot stellenweise so überdeckt, daß sich die unterschiedlichsten Farbabstufungen ergeben. Der Stiel wird natürlich braun, das Blättchen grün angemalt.

6. Wenn die Farbe gut gedeckt hat und alles trocken ist, übersprühen wir den Apfel rundherum mit Klarlack. Er schützt die Oberfläche und läßt die Wasserfarbe kräftiger wirken.

Birne

1. Wir stellen – wie beim Apfel – eine Papiermachékugel aus einem eingekleisterten Doppelbogen Zeitungspapier her und zusätzlich eine kleinere aus einem einfachen Bogen.

2. Nun pressen wir die beiden Kugeln mit etwas Metylan dazwischen aufeinander. Damit diese Rohform erhalten bleibt, bestreichen wir noch einen einfachen Bogen Zeitungspapier mit dem Kleister und wickeln ihn um die beiden Kugeln herum. Lediglich eine Ecke lassen wir oben abstehen und verzwirbeln sie zu einem Stiel. Die Spitze schneiden wir etwas zurück, damit ein stumpfes Stielende entsteht. (Falls oben an der Birne gerade keine Ecke für den Stiel vorhanden ist, können wir ihn auch extra herstellen.

Dann wird an der Birnenspitze das Papier etwas eingeschlitzt, so daß man den Stiel dort mit Metylan anbringen kann.)

3. Damit die Oberfläche später einen gleichmäßigen Farbanstrich erhalten kann, bedecken wir die Birne wieder mit weißen Schnipseln und lassen sie einen Tag trocknen.

4. Wir bemalen sie anschließend mit Gelb- und hellen Grüntönen, den Stiel mit brauner Wasserfarbe. Wenn alles trocken ist, wird rundherum mit dem Sprühlack klar lackiert.

Banane

1. Aus einem einseitig mit Metylan bestrichenen Doppelbogen Zeitungspapier knüllen wir diesmal eine gekrümmte Wurstform zurecht.

2. Danach wickeln wir einen einfachen, eingekleisterten Bogen um die Banane, damit sie in Form bleibt. Ein Ende drücken wir dabei etwas spitzer als das andere.

3. Zum Schluß wird wieder mit Schnipseln aus unbedrucktem Zeitungsrand beklebt und nach einem Tag Trockenzeit mit Gelb und Braun bemalt und klar lackiert.

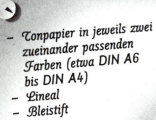

- Tonpapier in jeweils zwei zueinander passenden Farben (etwa DIN A6 bis DIN A4)
- Lineal
- Bleistift
- Schere
- Pritt Bastelkleber
- Pauspapier

Grafische Bilder

Solche Bilder kann man nicht nur für die Wand arbeiten, sondern in kleineren Formaten auch als Glückwunschkarten verschicken. Zwei Varianten werden hier vorgestellt – vielleicht regen sie ja zu eigenen Experimenten an. Am einfachsten sind geometrische Formen mit geraden Linien.

Zersprengtes Dreieck

1. Am Anfang sollte man mit einer einfachen geometrischen Ausgangsform beginnen. Deshalb zeichnen wir zunächst mit Lineal und Bleistift ein Dreieck als Umriß auf Tonpapier und schneiden es aus.

2. Um die Größe des späteren Hintergrundes zu bestimmen, legen wir das Dreieck probeweise auf kontrastfarbenes Tonpapier und schneiden dieses so zurecht, daß von allen drei Ecken bis zum Rand mindestens 4 cm Platz bleiben. Den Hintergrund legen wir dann erst mal beiseite.

3. Wer nicht direkt losschneiden möchte, zeichnet mit dem Bleistift auf der Rückseite des Dreiecks vor, und zwar zieht er gerade und abgewinkelte Linien quer über die Form. Geschwungene Linien kann man auch einsetzen, aber hier kann es später beim „Sprengen" des Dreiecks zu ungewollten Effekten kommen. Wichtig ist aber immer, daß alle Linien an einer anderen Linie anstoßen oder zum Rand des Dreiecks laufen.

4. Entlang dieser Linien wird nun die Grundform auseinandergeschnitten. Damit man aber hinterher nicht durcheinanderkommt, legt man alle Einzelflächen gleich der Reihe nach so auf das helle Tonpapier, daß die Bleistiftlinien unten liegen und sich die Form schließlich wieder zusammenfügt.

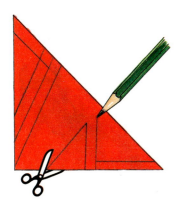

5. Nun beginnt man, das Dreieck allmählich auseinanderzusprengen. Man zieht dazu alle Teile ein wenig auseinander und verdreht einige von ihnen sogar ganz leicht. Wir können enge oder weite Abstände wählen,

sollten aber unbedingt darauf achten, daß die dreieckige Grundform immer noch zu erkennen ist.

6. Sind wir mit dem Gesamtbild zufrieden, kleben wir nach und nach alle Teile mit Pritt Bastelkleber auf.

Löwenkopf

1. Wer nicht so experimentierfreudig ist, sollte vielleicht einmal die Vorlage für den Löwenkopf mit Pauspapier auf ein Stück Tonpapier übertragen. Ein etwas größeres Stück mit passender Farbe wird für den Hintergrund zur Seite gelegt.

2. Dann schneiden wir zuerst den äußeren Kreis aus und teilen dann die ganze Form in seine vielen Einzelflächen. Wichtig ist, daß wir alle Teile gleich wieder der Reihe nach (mit den Pauspapierlinien nach unten) auf den vorbereiteten Hintergrund legen, damit nichts aus Versehen verwechselt werden kann.

3. Sind alle Teile ausgeschnitten und dicht aneinander auf das Papier gelegt, ziehen wir alle Flächen ein wenig auseinander und kleben schließlich den Löwenkopf Stück für Stück mit Pritt Bastelkleber fest.

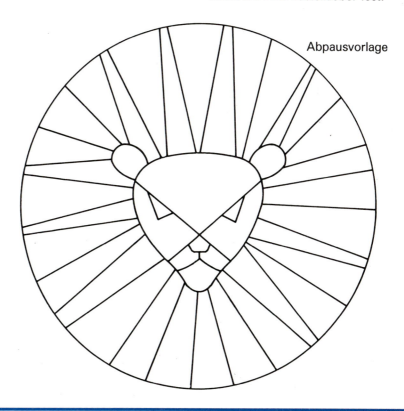

Abpausvorlage

- 1 Bogen blaues Tonpapier (etwa 40 x 40 cm)
- helles und dunkles Pauspapier
- Bleistift
- 1 Blatt grünes Faltpapier (17 x 17 cm)
- Lineal
- Pritt Bastelkleber
- 1 Streifen schwarzes Tonpapier (11 x 25 cm)
- schwarzer Filz- oder Buntstift
- Reste von farbigem Ton- oder Faltpapier
- Wäscheklammer
- 1 Streifen Kreppapier (25 x 60 cm)
- 1 Stück Geschenkband

Schultüte

Als kleine Anregung ist solch eine selbstgemachte Schultüte für all diejenigen gedacht, die für Kinder, Paten- oder Enkelkinder etwas Hübsches zum 1. Schultag basteln wollen. Wer nur die Grundform vom Vorlagebogen übernimmt, kann die Tüte natürlich auch ganz nach eigenen Ideen gestalten.

1. Vom großen Vorlagebogen übertragen wir den Tütenumriß mit der gestrichelten Linie auf das blaue Tonpapier und schneiden diese Grundform sorgfältig aus. Dann legen wir sie vorerst beiseite.

2. Jetzt stellen wir die Wiese her. Dazu falten wir das grüne Papierquadrat diagonal auf die Hälfte zusammen. Die beiden Spitzen an der offenen Seite falten wir anschließend zur langen Dreieckseite herüber; beide Schnittkanten des Papiers müssen also genau auf dieser langen Faltkante liegen.

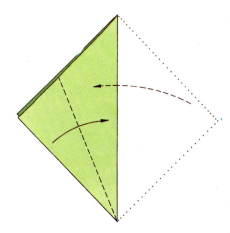

3. An der neu entstandenen Faltkante messen wir mit dem Lineal von der unteren Spitze aus genau 16 cm ab. Mit dem Bleistift verbinden wir diesen Punkt in einem leichten Bogen mit den zwei obenaufliegenden Ecken an der rechten Seite. Wir halten anschließend mit der linken Hand die Faltform fest und schneiden entlang der Bleistiftlinie den oberen Teil ab. (Wenn wir das Papier auffalten würden, erhielten wir einen Viertelkreis.)

4. An der Rundung der zusammengefalteten Form schneiden wir mehrere etwa 2-3 cm lange Spitzen aus. So entsteht unsere grüne Wiese.

5. Wir klappen sie auseinander, streichen sie gut glatt, geben Pritt Bastelkleber auf eine Seite und kleben sie genau auf die untere Spitze unserer blauen Tütengrundform. Schließlich verlängern wir noch die gestrichelte Linie mit wenigen Punkten auf dem grünen Papier bis zur Spitze.

6. Um die Figuren herzustellen, messen wir auf dem schwarzen Papierstreifen von einem Ende aus 5 cm ab und falten ihn dann mit diesem Abstand viermal ziehharmonikaartig hin und her. Das Papier liegt dann in fünf Schichten übereinander.

7. Auf die obere Schicht übertragen wir mit hellem Pauspapier die Vorlage für das Pärchen, das sich an den Händen hält (Seite 86). Die gestrichelte Mittelachse jeder Figur muß dabei genau auf den Faltkanten liegen.

8. Vorsichtig schneiden wir durch alle Schichten gleichzeitig die Umrisse aus und streichen dann die Figurenreihe glatt. Den halben Mann und die halbe Frau an den Enden schneiden wir ab. Die beiden verbleibenden Pärchen trennen wir an den Händen in der Mitte durch.

9. Dann kleben wir beide Paare so oben an die Wiese, daß die äußeren Füße vom rechten und linken Tütenrand mindestens 1-2 cm entfernt sind. In der Mitte stoßen die Figuren mit den Füßen fast zusammen.

10. Bevor wir uns jetzt den Ballons zuwenden, zeichnen wir mit einem schwarzen Filzstift jeweils eine oder zwei aufstrebende Schnüre an die hochgereckten Hände der beiden Pärchen.

11. Aus bunten Papierresten schneiden wir anschließend so viele verschiedene Ballons aus wie Befestigungsschnüre vorhanden sind. Wer will, kann die Vorlagezeichnungen zur Hilfe nehmen. Die Ballons kleben wir in bunter Reihenfolge oben an die Schnüre.

12. Endlich können wir die Grundform zur Tüte zusammenkleben. Wir streichen Pritt Bastelkleber in das von der gestrichelten Linie abgegrenzte schmale Feld und legen die andere gerade, lange Kante darüber. Bis der Klebstoff angetrocknet ist, müssen wir die Tüte gut zusammenhalten. Am oberen Rand hilft uns zusätzlich eine Wäscheklammer.

13. Wenn die Tüte gut von allein zusammenhält, streichen wir an der Innenseite, unterhalb des Bogenrandes, eine gerade Klebstofflinie auf das Papier und kleben den Streifen Kreppapier rundherum in der Tüte fest. Anfang und Ende sollen sich ruhig ein Stück überlappen.

14. Zuletzt halten wir unser Kreppapier oben mit einem farblich passenden Geschenkband zusammen – natürlich erst, nachdem die Tüte mit allerlei Überraschungen gefüllt worden ist.

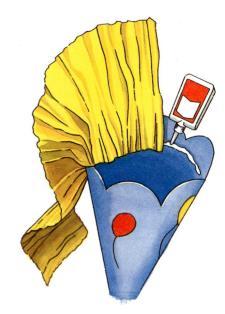

Abpausvorlagen

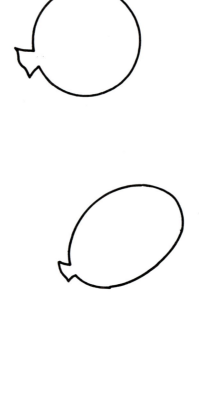

Landschaftscollage

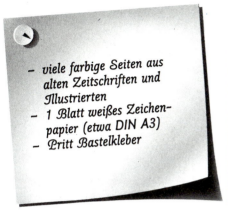

- viele farbige Seiten aus alten Zeitschriften und Illustrierten
- 1 Blatt weißes Zeichenpapier (etwa DIN A3)
- Pritt Bastelkleber

Als Anregung für solch ein Bild kann ein Foto aus dem letzten Urlaub dienen oder vielleicht ein Kalendermotiv, das sich mit der Collagetechnik reizvoll verfremdet wiedergeben läßt.

1. Wir überlegen uns zuerst, welche Farben wir für unser Bild benötigen. Aus den Zeitschriftenseiten suchen wir nun alle Fotos zusammen, die unseren Vorstellungen nahekommen, und reißen daraus viele Schnipsel heraus. Sie können zwischen 2 und 15 cm groß sein und sollten ruhig verschiedene Formen aufweisen. Besonders ergiebig sind hierbei die großformatigen Werbungen, denn da finden sich nicht nur große Farbflächen, sondern gleichzeitig wunderschöne Strukturen wie Wasserwellen, kleine Gräser, Wassertropfen an Trinkgläsern, Löcher im Käse, Kieselsteine, alte Mauern, Gemüse, Herbstlaub und so weiter. All dies regt oft zu neuen Ideen an.

2. Unseren Schnipselvorrat sortieren wir am besten gleich nach Farben, damit man später ohne langes Suchen die passenden zur Hand hat.

3. Für den Bildaufbau ist es hilfsreich, wenn man mit den großen Land-

schaftsflächen beginnt und sich noch nicht in Einzelheiten verliert. Wollen wir zum Beispiel ein Seeufer gestalten, sorgen wir zunächst für die Wasserfläche, das erdige Ufer dahinter und für die weiter entfernten Berge. Wir schieben die Teile so lange hin und her, bis uns die Anordnung gefällt. Auch sollte man rundherum etwas Platz zum Bildrand lassen.

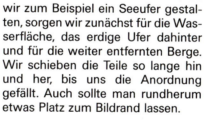

4. Erst wenn diese Landschaftsfläche festgelegt ist, kümmern wir uns um die Einzelheiten, also die Bäume, Büsche, vielleicht Häuser, Brücken, Boote und so weiter. Natürlich können wir die Papierstücke auch noch in die Formen reißen, die wir gerade benötigen. Aber man sollte wirklich nur reißen und nicht schneiden, damit das Bild einheitlich wirkt.

5. Erst zum Schluß kleben wir mit Pritt Bastelkleber vorsichtig alle Stücke auf den weißen Papieruntergrund – und unser Bild ist fertig.

- 1 Blatt weißes Zeichenpapier (etwa 20 x 20 cm)
- Pritt Bastelkleber
- Wasserfarben in Hellblau, Blaugrau, Dunkelgrau, Dunkelblau und Schwarz
- Pinsel
- kleines Küchenmesser
- 1 Bogen mittelblaues Tonpapier (28 x 32 cm)
- Bleistift
- Lineal
- 1 Bogen schwarzes Tonpapier (29 x 33 cm)

Klebstoffbatik

Dieses Bild erfordert einige Geduld, da zwischen den einzelnen Arbeitsgängen lange Wartezeiten liegen. Aber der Aufwand lohnt sich, denn der Zufall spielt bei dieser Technik teilweise mit und läßt interessante Strukturen entstehen. Das Foto soll als Anregung dienen, man kann aber auch ein eigenes Motiv mit ganz anderen Farben entwerfen. Das Prinzip beruht darauf, daß Pritt Bastelkleber nach dem Trocknen Wasser abstößt. Deshalb decken wir mit ihm immer solche Stellen ab, die keine Tönung mehr annehmen sollen, wenn anschließend das ganze Bild mit Farbe überstrichen wird.

Man beginnt immer mit den hellsten Farben, und „gemalt" wird eigentlich mit dem Klebstoff. (Bei Stoffen kann man solche Effekte mit Wachs und Tauchfarben erzielen.)

1. Auf die weiße Fläche malen wir mit Pritt Bastelkleber die drei Vögel, ein paar winzige Wölkchen und einen flachen Hügel auf das Bild. Wenn sie getrocknet sind, überstreichen wir das gesamte Blatt mit hellblauer Wasserfarbe und lassen alles gut durchtrocknen. Die abgedeckten Stellen nehmen die Farbe nicht an.

2. Als nächstes malen wir den Mond mit Klebstoff, denn er soll später hellblau am Nachthimmel stehen. Nachdem der Klebstoff hart geworden ist, überstreichen wir die gesamte Fläche mit blaugrauer Farbe und lassen sie trocknen.

3. Weil später die Wolken in dieser blaugrauen Farbe bleiben sollen, werden sie mit Klebstoff aufgemalt. Falls dort der Baum später die Wolken teilweise verdecken soll, müssen wir dort den Klebstoff weglassen. Sind die Wolken trocken, überstreichen wir alles mit der nächstdunkleren Farbe, mit Dunkelgrau. Auch sie muß natürlich wieder gut durchtrocknen.

4. Schließlich lassen wir mit Pritt Bastelkleber einen bizarren Baum entstehen, der teilweise die Wolken verdeckt. Wenn der Klebstoff hart ist, übermalen wir das gesamte Blatt mit Dunkelblau und lassen wieder alles trocknen.

5. Damit der Nachthimmel so bleibt, überdecken wir ihn jetzt ganz mit Klebstoff. Ist der Kleber gut durchgehärtet, übermalen wir alles mit schwarzer Farbe.

6. Noch bevor sie diesmal ganz getrocknet ist, halten wir das Bild kurz unter fließendes Wasser, um von den Klebstoffflächen die überschüssige Farbe abzuspülen. Dabei hellen sich die klebstofffreien Stellen wieder

etwas auf. Doch Vorsicht: Hält man das Blatt zu lange unter das Wasser, wird es weich, und die Klebstoffschichten lösen sich ab.

7. Jetzt wird das Bild zum letzten Mal zum Trocknen beiseite gelegt. Wer will, kann jetzt den Vögeln noch eine bessere Kontur geben. Mit einem scharfen Küchenmesser werden die Umrisse vorsichtig nachgeschnitten, so daß sich die Klebstoffschicht dort abheben läßt.

8. Um das Bild zu rahmen, legen wir es auf die Rückseite des blauen Tonpapiers und umzeichnen den Umriß mit Bleistift. Dann legen wir es beiseite und zeichnen einen neuen Rahmen mit dem Lineal in dieses Feld; er soll rundherum etwa 1 cm kleiner sein. Dieses kleine Format schneiden wir aus.

9. Den so entstandenen Ausschnittrand bestreichen wir mit Pritt Bastelkleber und befestigen das Bild genau hinter diesem Ausschnitt.

10. Zum Schluß kleben wir das so gerahmte Bild auf das schwarze Tonpapier – und schon haben wir ein ganz individuelles Geschenk.

1 Bogen braunes
Tonpapier
(etwa DIN A3)
– helles Pauspapier
– Bleistift
– Schere
– alte Zeitungen
– Papiermesser oder
scharfes Küchenmesser
– Lineal

Eule

Dieser Wandschmuck ist ein Geschenk für alle „Nachteulen" und Eulenfans. Wer die Eule an die Wand hängen möchte, zieht entweder einen Faden neben den Ohren durch das Papier oder er verwendet doppelseitiges Klebeband.

1. Vom großen Vorlagebogen pausen wir die Eulenform mit allen durchgezogenen, gestrichelten und gepunkteten Linien auf das Tonpapier ab. Dann schneiden wir sie entlang der äußeren Umrißlinie aus.

2. Die Öhrchen schneiden wir anschließend bis zur gepunkteten Linie mit der Schere mehrmals ein.

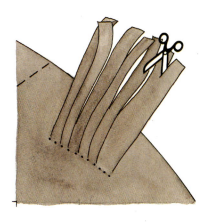

3. Wir legen die Eule jetzt auf eine dicke Schicht alte Zeitungen, damit die Tischplatte bei den nächsten Arbeitsschritten nicht beschädigt wird, denn jetzt arbeiten wir mit dem Messer weiter. Zunächst ritzen wir genau auf den sechs gestrichelten Linien die Papieroberfläche ganz leicht an, damit man dort später besser knicken kann. Vorsicht: Das Papier darf hier nicht durchgeschnitten werden! Damit das Papier nicht verknickt wird, führen wir das Messer immer von innen nach außen.

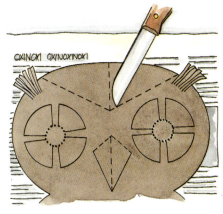

4. Dagegen schneiden wir an den durchgezogenen Linien von Schnabel und Augen das Papier mit dem Messer sorgfältig ein. Dabei müssen wir unbedingt darauf achten, daß die vier Streifen an jedem Auge nicht aus Versehen durchtrennt werden, denn sonst fallen die Kreisflächen heraus. Außerdem muß man aufpassen, daß man das Papier nicht beim Schneiden verknickt.

5. Jedes Auge hat nun vier Teile, die man nach oben klappen kann. Mit der Schere schneiden wir jetzt vom äußeren Bogen ausgehend strahlenförmig auf den gepunkteten Innenkreis zu. Das machen wir an allen acht Augenteilen. (Wer hier lieber mit dem Messer schneidet, nimmt am besten ein Lineal zur Hilfe und führt das Messer immer von innen nach außen, damit das Papier nicht verknickt.)

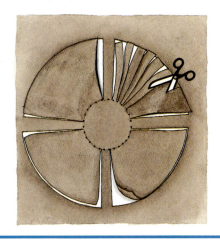

6. Für das plastische Federkleid schneiden wir in den runden Körper viele versetzt angeordnete, V-förmige Zacken mit dem Messer und einem Lineal ein. Damit das Papier nicht verknickt, ziehen wir das Messer jeweils von oben nach unten zur Spitze. Wer will, kann vorher alle Zacken sorgfältig vorzeichnen.

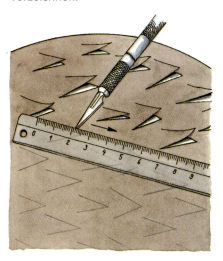

7. Schließlich drehen wir die Eule herum, so daß man die Pauspapierlinien nicht mehr sieht. Das breite Dreieck an der Stirn klappen wir etwas nach hinten, den Schnabel ziehen wir nach vorn und drücken ihn an der Spitze zusammen.

8. Die strahlenförmigen Streifen an den Augen klappen wir ein wenig nach oben, ebenso die Öhrchen und die vielen Körperfedern.

Drachen für den Herbst

Dieser Drachen ist ein schönes Geschenk für alle großen und kleinen Kinder. Wenn alle Angaben genau befolgt werden, wird es bestimmt keine Enttäuschungen geben.

1. Wir beginnen mit dem Holzkreuz. Wir sägen mit der kleinen Säge 1 cm von den Enden der langen Leiste entfernt rundherum eine Rille in das Holz. Wir benötigen sie, um später die Spannschnur daran sicher zu befestigen. Bei der flachen Leiste reichen jeweils zwei tiefe, seitliche Kerben.

2. Wir messen an der langen Leiste 40 cm von einem Ende aus ab und markieren die Stelle mit Bleistift. An der flachen Querleiste markieren wir genau die Mitte (bei 52,5 cm). Quer- und Längsleiste legen wir jetzt überkreuz, so daß die beiden Markierungen genau aufeinanderliegen und sich vier rechte Winkel ergeben.

3. An diesem Kreuzungspunkt binden wir die beiden Leisten mit etwas Spannschnur zusammen, doch vorher geben wir zur Stabilisierung noch etwas Pritt Bastelkleber an diese Stelle.

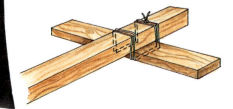

- 1 hölzerne Vierkantleiste (10 x 10 mm, 1,30 m lang)
- 1 hölzerne Flachleiste (4 x 12 mm, 1,05 m lang)
- kleine Säge oder Messer
- Metermaß, Bleistift
- Pritt Bastelkleber
- 1 Spannschnur (etwa 1 mm stark, 3,50 m lang)
- Drachenpapier oder Tyvek (120 x 150 cm)
- Schere
- 1 kleiner Metallring (etwa ⌀ 15 mm)
- 1 Steigleine mit Spindel
- 1 Paketschnur (etwa 4,50 m)
- 25 Blätter buntes Drachenpapier (etwa 25 x 25 cm)
- Locher

4. Damit wir das Papier gut befestigen können, ziehen wir jetzt die Spannschnur rund um das Gestell von einem Leistenende zum anderen. Dabei wickeln wir den Bindfaden einige Male an den Einkerbungen um das Holz und binden ihn mit einem Knoten fest. Man muß jedoch darauf achten, daß man ihn nicht so straff spannt, daß sich das gesamte Holzkreuz schräg verzieht.

5. Als Bespannung können wir Drachenpapier oder Tyvek nehmen. Ersteres weicht bei Nässe leicht durch. Tyvek ist da nicht empfindlich. Wir legen das Gerüst so auf die linke Seite des Papiers, daß die kurze Querleiste unten liegt. Dann schneiden wir das Papier so zu, daß es an allen Seiten etwa 4 cm über die Bespannung hinaussteht. Das wird der Klebesaum. Wir bestreichen ihn gut mit Pritt Bastelkleber, klappen ihn um die Schnur und befestigen so das Papier an dem bespannten Grundgerüst. Überstehendes Papier an den Ecken kann man noch vorsichtig zurückschneiden.

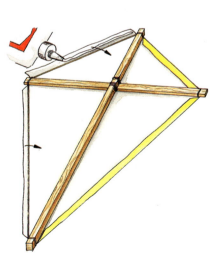

Achtung: Spannt man das Papier oder Tyvek zu straff, kann es beim späteren Krümmen des Drachens reißen (siehe nächsten Arbeitsschritt).

6. Wenn alles trocken ist, befestigen wir eine zusätzliche Spannschnur an den Enden der Querleiste. Sie wird an der Hinterseite des Drachens angebracht, dort, wo das Holzkreuz sichtbar ist. Dabei wird der Faden so straff gespannt, bis er nur noch 90 cm lang ist, während sich die Leiste entsprechend krümmt. Der nun leicht gewölbte Drachen erhält so günstigere Flugeigenschaften.

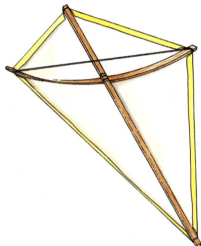

7. An den beiden Enden der Längsleiste, diesmal jedoch an der Vorderseite, befestigen wir eine etwa 210 cm lange Schnur, an der später die lange Steigleine angebunden wird.

8. Ungefähr 85 cm vom oberen Ende des Drachens entfernt legen wir die Schnur zu einer kleinen Schlaufe und ziehen sie durch einen Metallring. Danach stülpen wir sie nach rechts und links außen über den Ring und ziehen dann an der Schnur. Hier können wir jetzt die Steigleine anbinden.

9. Nun fehlt noch der Drachenschwanz. Von den bunten Quadraten aus Drachenpapier falten wir 20 Blätter ziehharmonikaartig zu Streifen, halten sie in der Mitte fest und binden sie der Reihe nach in bunter Folge an die Paketschnur. Der Abstand zwischen den Schleifen soll ungefähr 17 cm betragen.

10. Die Quaste am Schwanzende besteht aus den restlichen fünf Quadraten. Auch sie werden zunächst ziehharmonikaartig zu einem Streifen gefaltet. Mit dem Locher machen wir am Ende jedes Streifens ein Loch, ziehen die Paketschnur durch alle fünf Streifen und sichern diese Quaste mit einem Knoten.

Nun müssen wir noch einen Ort ausfindig machen, wo wir den Drachen steigen lassen können. Geeignet sind dafür abgeerntete Felder oder baumfreie Wiesen. Von Straßen, Schienen, elektrischen Überlandleitungen und Flugplätzen müssen wir uns aber unbedingt fernhalten! Jetzt fehlt nur noch etwas Wind – und schon kann der Spaß losgehen!

Scherenschnittporträt

- Stuhl mit Rückenlehne
- Diaprojektor oder eine Lampe mit kräftigem, gebündelten Licht
- 1 Bogen schwarzes Scherenschnittpapier (DIN A3), ersatzweise je 1 Bogen schwarzes Tonpapier und weißes Zeichenpapier
- Pritt Bastelkleber
- Klebeband
- Bleistift
- kleine, spitze Schere
- 1 Blatt weißes Zeichenpapier (DIN A3 oder DIN A2)

Ein eindrucksvolles Geschenk ist solch ein Scherenschnittporträt, denn nicht nur mit Fotos kann man das Charakteristische eines Kopfes wiedergeben, sondern auch mit diesem viel älteren Verfahren.

1. Wir stellen einen Stuhl ganz dicht seitlich an eine Wand oder einen Schrank. Derjenige, der porträtiert werden soll, setzt sich so auf den Stuhl, daß sein Kopf möglichst nah an der Wand ist; trotzdem soll die Haltung noch bequem sein.

2. Dann stellen wir den Diaprojektor oder die Lampe so auf, daß das Licht etwa in Augenhöhe direkt seitlich auf den Kopf des Sitzenden fällt. Wenn das Licht nämlich zu schräg auf die Wand fällt, ergeben sich sofort verzerrte Schattenbilder.

3. Jetzt befestigen wir mit Klebeband das Scherenschnittpapier so an der Wand, daß die weiße Seite zu uns zeigt. (Wer kein spezielles Scherenschnittpapier hat, beklebt einfach einen Bogen schwarzes Tonpapier sorgfältig auf einer Seite mit weißem Zeichenpapier und hängt es stattdessen auf.) Beim Ankleben des Bogens müssen wir uns vergewissern, ob auch wirklich der ganze Schatten des Kopfes auf das Blatt fällt. Ist dies nicht der Fall, schieben wir es so lange hin und her, bis der ganze Schatten darauf erscheint. Außerdem sollte der Sitzende seinen Kopf einmal leicht hin- und herdrehen, damit man erkennt, ob das Gesicht auch wirklich genau im Profil auf dem Papier erscheint.

4. Mit dem Bleistift fahren wir nun den Umriß des Schattens nach. Wir sollten nicht allzu schnell arbeiten, damit wir auch wirklich viele Einzelheiten erfassen; denn sie sind für die spätere Wirkung des Porträts von großer Bedeutung. Während dieser Phase sollte das Modell bewegungslos sitzen bleiben. Da kleine Kinder dazu selten in der Lage sind, empfielt es sich in solch einem Fall, zu zweit zu arbeiten: Einer zeichnet, während der andere den Kopf des Kindes hält.

5. Ist der Schatten abgezeichnet, können wir das Blatt von der Wand entfernen und das Porträt fein säuberlich mit der kleinen Schere ausschneiden.

6. Zum Schluß streichen wir Pritt Bastelkleber auf die weiße Seite und kleben den Kopf auf weißes Zeichenpapier. Für ein Erwachsenenporträt braucht man dazu in der Regel einen DIN-A2-Bogen, bei kleinen Kinderscherenschnitten wirkt ein DIN-A3-Bogen besser. Jetzt kommt der Scherenschnitt auf dem hellen Hintergrund richtig zur Geltung. (Wer will, kann das Ganze noch auf einen noch größeren Bogen Tonpapier oder Fotokarton kleben, damit das Porträt, das wir nun „Schwarz auf Weiß" vor uns haben, einen abschließenden Rahmen erhält.)

- dünne Pappe
- Zirkel
- Lineal
- Schere
- alte Tageszeitungen
  oder Packpapier
- Bleistift
- Pritt Bastelkleber
- Plaka-Farbe

Utensilo

Bleistifte und Kugelschreiber, die überall herumliegen und , wenn man sie braucht, unauffindbar sind – wer kennt das nicht? Solche geflochtenen Utensilos können da vielleicht Abhilfe schaffen. Die Maße für den großen Korb stehen jeweils in Klammern hinter den Angaben für das kleine Utensilo, das hier beschrieben wird.

1. Für den Boden des Utensilos brauchen wir zwei Pappscheiben mit einem Durchmesser von 7 cm (21 cm). Wir stellen unseren Zirkel auf einen

Radius von 3,5 cm (10,5 cm) ein und schneiden die beiden damit aufgezeichneten Kreise aus.

2. Jetzt bereiten wir die senkrechten Flechtstreifen vor. Dazu zeichnen wir acht Rechtecke mit den Maßen 12 x 17 cm (48 x 50 cm) auf Zeitungsbögen oder Packpapier. An der längeren Seite messen wir ein Feld von 2 cm (8 cm) ab und falten in dieser Breite das Papier zu einem Streifen von 12 cm (50 cm) Länge zusammen. Die Kante am Ende wird festgeklebt.

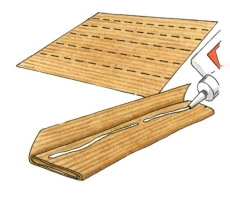

3. Auf eine der Pappscheiben legen wir nun diese acht Streifen strahlenförmig auf. Sie sollen ca. 2 cm (6 cm) in den Kreis hineinreichen und sich dort seitlich überlappen. So kleben wir sie mit Pritt Bastelkleber auf der Scheibe fest; doch bevor der Kleber ganz trocken ist, knicken wir versuchsweise alle Streifen an der Kreislinie senkrecht hoch: wenn alle Streifen richtig sitzen, müßten sie wie ein runder Zaun aussehen, der nur ganz wenig Zwischenraum hat. Ist das nicht der Fall, verschieben wir die Streifen noch ein wenig.

4. Damit wir einen ordentlichen Innenboden erhalten, kleben wir die zweite Scheibe über die erste, so daß die Streifenenden verschwinden.

5. Für die waagerechten Flechtrunden stellen wir jetzt fünf (vier) dicke Papierstreifen her. Dazu zeichnen wir mit Lineal und Bleistift auf Zeitungsbögen oder Packpapier fünf (vier) Rechtecke auf, die Maße betragen 12 x 25 cm (48 x 80 cm).

6. An der langen Seite messen wir mit dem Lineal einen Streifen von 2 cm (8 cm) ab und falten das Papier in dieser Breite fünfmal nach oben. Wir erhalten einen 25 cm (80 cm) langen Streifen, der aus sechs Schichten besteht und gut 2 cm (8 cm) breit ist.

Die lange Kante am Ende kleben wir mit Pritt Bastelkleber fest. So verfahren wir mit allen fünf (vier) Rechtecken.

7. Schließlich kleben wir die Streifen zu Ringen zusammen, die den gleichen Umfang haben sollen wie die runden Pappscheiben.

8. Jetzt beginnen wir mit dem Flechten. Weil wir ja schon Ringe vorbereitet haben, geht das ganz einfach. Wir nehmen jeden zweiten der aufgeklebten Streifen hoch und halten diese Streifen mit einer Hand oben zusammen. Die anderen vier lassen wir flach auf dem Tisch liegen. Mit der zweiten Hand stülpen wir jetzt einen der Papierringe von außen über die hochstehenden Streifen und schieben ihn nach unten, bis er an den Pappboden anstößt. Die erste Runde ist fertig.

9. Die zweite Runde entsteht ähnlich, nur werden jetzt die anderen Streifen innen hochgehalten, während wir die übrigen vier nach außen klappen. Der zweite Ring wird bis zum ersten heruntergeschoben.

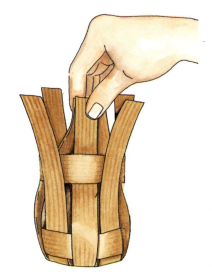

10. Für die dritte Runde werden die Streifen erneut gegeneinander ausgetauscht und so weiter.

11. Sind alle Ringe verbraucht, stehen die senkrechten Streifen alle oben ein Stück über. Die vier Enden, die nach außen abstehen, klappen wir jetzt über den letzten Ring herüber und stecken sie im Innern des Utensilos von unten hinter diesen Ring. Jedesmal kleben wir die Enden dort mit etwas Pritt Bastelkleber fest.

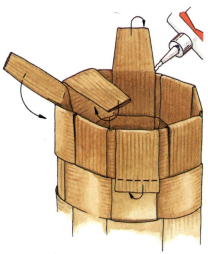

12. Mit den vier nach innen abstehenden Enden machen wir es umgekehrt: Wir klappen die Enden nach außen über den Rand des Utensilos und stecken sie dann von unten hinter den oberen Papierring. Auch hier werden sie mit Klebstoff gesichert.

13. Welche Farbe wir dem Utensilo geben, bleibt ganz dem eigenen Geschmack überlassen. Nach Möglichkeit sollte man sowohl die Außen- als auch die Innenseite mit der gut deckenden Plaka-Farbe anmalen, das sieht hübscher aus. Wer will, kann dazu auch verschiedene, aufeinander abgestimmte Farben wählen.

Geschenke hübsch verpacken

Wer gerne schenkt und sich selbst über Mitbringsel freut, weiß nur zu gut: Schenken fängt beim Geschenkpapier, bei der originellen Verpackung an. Und wer sehr oft schenkt, weiß auch, daß das ganz schön teuer werden kann. Doch nicht nur aus Kostengründen empfiehlt es sich, sein eigenes Geschenkpapier oder hübsche Schachteln einmal selbst herzustellen – es macht schließlich viel Spaß, seiner Phantasie beim Gestalten einer individuellen Verpackung freien Lauf zu lassen.
Schon die Kleinen können mithelfen, wenn es darum geht, mit einfachen Mitteln Papier originell zu mustern. Bei den aufwendigeren Faltarbeiten weiter hinten ist sicher etwas mehr Geduld erforderlich, doch sorgen die Beschreibungen und Zeichnungen auch hier für ein Erfolgserlebnis.

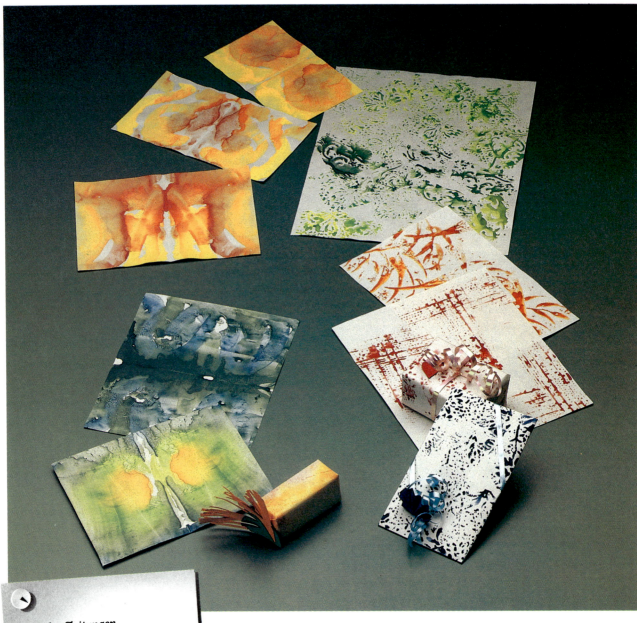

- alte Zeitungen
- weißes Zeichenpapier
- Reste von Prägetapeten
- Wasserfarben
- Pinsel
- Bügeleisen
- Schere

Selbstgedrucktes Geschenkpapier

Wer ein kleines Geschenk ganz individuell verpacken möchte, kann sich ganz einfach selbst sein Papier dazu mustern. Besonders den Experimentierfreudigen öffnet sich hier ein weites Feld. Links auf dem Foto sind einige Blätter in Klapptechnik, rechts mit Tapetendruck dekoriert worden. Passendes Band oder Tonpapier sorgt später für Akzente.

Klapptechnik

1. Zuerst decken wir unseren Arbeitstisch mit alten Zeitungen ab. Dann falten wir ein Blatt weißes Zeichenpapier einmal auf die Hälfte zusammen und legen es dann wieder flach ausgebreitet vor uns auf die Zeitungsunterlage.

2. Jetzt malen wir auf die eine Hälfte des Blattes mit reichlich Wasserfarbe einige Flecke auf. Man sollte ruhig mehrere verwandte Farben miteinander kombinieren. Das wichtigste ist aber, daß die Farbe sehr flüssig ist, damit sie zwischenzeitlich nicht trocknen kann.

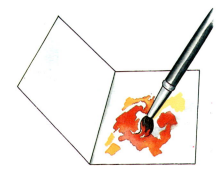

3. Schnell klappen wir dann das Blatt wieder zusammen und streichen einige Male mit der flachen Hand darüber, damit sich die Farbe innen gut verteilen und auf die andere Blatthälfte übertragen kann.

4. Dann ziehen wir das Papier vorsichtig auseinander: Es ist ein symetrisches Muster entstanden, bei dem sich die Farben stellenweise miteinander vermischt haben. Hier spielt der Zufall eine große Rolle und macht die Sache so interessant.

5. Wir breiten das Blatt zum Trocknen auf alten Zeitungen aus. Später legen wir es mit der farbigen Seite nach unten auf eine dicke Schicht sauberer, alter Zeitungen und bügeln es vorsichtig mit nicht zu hoher Temperatur glatt. Unschöne Ränder können wir zum Schluß noch mit der Schere abschneiden.

Tapetendruck

1. Bei diesem Verfahren werden bereits vorhandene Muster genutzt. Zu diesem Zweck schneiden wir aus Resten von Prägetapeten eine kleine Stelle aus, die ein besonders markantes, erhabenes Muster hat.

2. Mit nicht zu flüssiger Wasserfarbe streichen wir nun das Tapetenstück auf der Vorderseite ein. Dabei sollen die erhabenen Stellen ruhig mehr Farbe erhalten als die Grundfläche, denn dann wird der Abdruck später klarer.

3. Jetzt legen wir die Tapete mit der bemalten Seite vorsichtig auf ein Blatt Zeichenpapier und streichen mit der flachen Hand leicht darüber.

4. Langsam und von einer Ecke aus ziehen wir die Tapete wieder ab. Weil die Farbe noch feucht ist, machen wir gleich daneben noch einen Abdruck. Er wird allerdings zarter in der Farbe. Für weitere Abdrücke muß das Tapetenstück wieder eingefärbt werden, denn sonst wird das Muster immer blasser.

5. Nach mehrmaligem Einfärben und Abdrucken wird das Tapetenstück vermutlich durchweichen; deshalb ersetzen wir es durch ein neues Stück, wenn wir eine große Fläche mustern möchten. Zum Schluß lassen wir das Blatt trocknen und bügeln es schließlich eventuell noch von der Rückseite her, wie oben beschrieben, glatt.

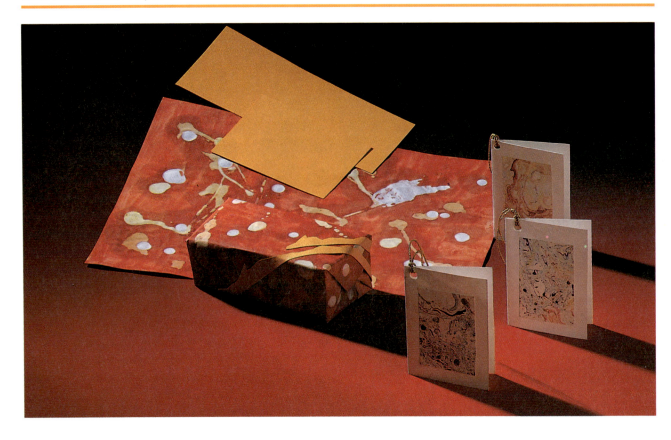

- einige alte Zeitungen
- Terpentin
- 1 alter Teller
- Wasser
- Metylan spezial Instant-Kleber
- Lackfarben (möglichst in verschiedenen Tönen)
- Holzstäbchen
- 1 Zahnstocher oder Streichholz
- mehrere Bogen weißes Schreibmaschinen- oder Zeichenpapier (auf das Format DIN A6 geschnitten)
- 1 alte Wäscheklammer

Marmoriertechnik

Selbstgemustertes Papier kann man natürlich auch für Geschenkanhänger verwenden. Dabei sollte man auf eine genügend breite, weiße Umrahmung achten. Die beschriebene Marmoriertechnik bringt immer neue Überraschungen mit sich, deshalb sollte man ruhig ein wenig experimentieren. Wer eine große, flache Schale zur Hand hat, kann auf diese Weise natürlich auch größere Papierformate mustern.

1. Da unerwünschte Lackflecken nur sehr schwer zu entfernen sind, empfiehlt es sich, die Arbeitsfläche zunächst gut mit alten Zeitungen abzudecken. Terpentin sollte bereitstehen, um Flecken zu entfernen.

2. In dem Teller rühren wir einen Eßlöffel Metylan spezial Instant-Kleister an. Die Verdünnung ist auf der Verpackung angegeben. Die Masse lassen wir 3-4 Minuten quellen.

3. Mit dem Lack gießen wir dann mit Hilfe eines Holzstäbchens viele dünne Linien auf den Kleister. Die Farbe schwimmt obenauf. Damit mehr Bewegung in unser Muster kommt, nehmen wir nun das Streichholz oder den Zahnstocher und rühren damit Wellenlinien und Schlieren in die Farbe. Es entstehen an Marmor erinnernde Strukturen.

Geschenkpapier mit Tropfbatik

4. Danach legen wir ein weißes Blatt Zeichenpapier langsam von einer Seite aus so auf Kleister und Farbe auf, daß sich unter dem Papier keine Luftblasen bilden. Nun fassen wir das Blatt vorsichtig mit der Wäscheklammer an einer Ecke und ziehen es wieder hoch.

5. Sofort spülen wir den überschüssigen Kleister unter fließendem Wasser von dem Blatt ab. Man muß übrigens keine Angst haben, daß dabei die Farbe wieder verschmiert. Sie haftet so gut an der Papieroberfläche, daß ihr das Wasser nichts anhaben kann. Dann legen wir das Blatt zum Trocknen auf alte Zeitungen.
Mit diesem Kleistergrund können wir meistens noch mehrere Papiere nacheinander marmorieren, bis kaum noch Farbe darauf schwimmt. Die Muster werden dann natürlich immer blasser, wenn man nicht immer wieder neue Farbe darauftropft.

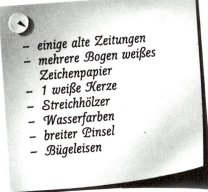

- einige alte Zeitungen
- mehrere Bogen weißes Zeichenpapier
- 1 weiße Kerze
- Streichhölzer
- Wasserfarben
- breiter Pinsel
- Bügeleisen

Tropfbatik ist keine schwierige, aber eine wirkungsvolle Technik. Man nutzt den Effekt aus, daß Wachs keine wässrige Farbe annimmt. So färbt man ein Blatt Papier immer dunkler ein und sichert mit Wachs zwischendurch all die Stellen, die hinterher die helleren Farbtöne behalten sollen.
Da wir mit brennender Kerze und Bügeleisen hantieren müssen, ist Vorsicht angebracht. Eine andere Batiktechnik (Klebstoffbatik) ist übrigens auf Seite 88 zu finden.

1. Mit einem Teil der Zeitungen decken wir unseren Arbeitstisch ab und legen einige Bogen weißes Papier darauf.

2. Wir zünden die Kerze an und lassen das flüssige Wachs gut verteilt auf die weißen Blätter tropfen. Diese Stellen werden später weiß bleiben.

3. Nun beginnen wir mit dem ersten Einfärben. Der ganze Bogen wird mit einer sehr hellen Farbe, zum Beispiel mit Gelb, bemalt. Dabei nehmen die mit Wachs bedeckten Stellen natürlich keine Farbe an, sie perlt ab. Während das erste Blatt trocknet, malen wir an einem anderen weiter. Dabei können wir gut verschiedene Farbvariationen probieren.

4. Ist die Farbe getrocknet, tropfen wir erneut Kerzenwachs auf das Papier, diesmal auf die erste Farbschicht. Diese Stellen werden dann später gelb bleiben, wenn wir alles mit der nächsten Farbe, mit Orange, übermalen. Auch die weißen Flecken bleiben erhalten, denn auch hier klebt ja noch Wachs, das die Farbe nicht annimmt.

5. Nach dem Trocknen wird ein drittes Mal Wachs auf das Papier getropft und danach mit Rot übermalt.

6. Zum Schluß lassen wir das Papier wieder trocknen und legen es dann auf eine dicke Schicht alter Zeitungen. Mit zwei zusätzlichen Bogen bedecken wir unsere Batik und bügeln dann bei Temperatureinstellung „Baumwolle" die Wachstropfen heraus; sie schmelzen und ziehen in das saugfähige Zeitungspapier ein. Dabei müssen wir die oberen Zeitungsblätter öfter wechseln.
Unser Geschenkpapier ist nun rot und hat weiße, gelbe und orange Sprenkel. Wer diese Technik auch mit anderen Farben versuchen möchte, muß immer mit hellen Tönen beginnen und nach und nach alles mit dunkleren Farben übermalen. Schön sieht es aus, wenn die Farben miteinander verwandt sind. Einige Beispiele: von Hellblau über Mittelblau, Dunkelblau nach Violett oder von Hellgelb über Hellgrün, Mittelgrün, Blaugrün nach Dunkelblau und so weiter. Die Anzahl der Einfärbungen bleibt jedem selbst überlassen.

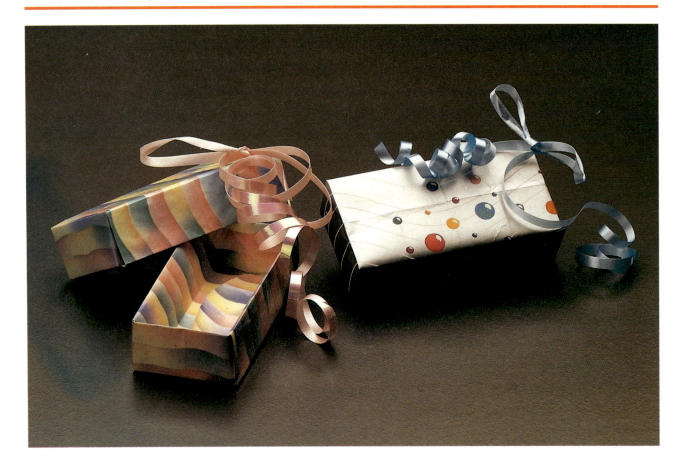

Schachtel aus Kreisen

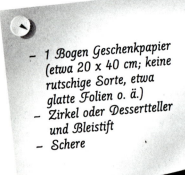

- 1 Bogen Geschenkpapier
  (etwa 20 x 40 cm; keine
  rutschige Sorte, etwa
  glatte Folien o. ä.)
- Zirkel oder Dessertteller
  und Bleistift
- Schere

Ganz ohne Klebstoff hält diese Schachtel, sie ist als hübsche Verpackung für ein selbstgebasteltes Mitbringsel gedacht. Als Papier eignet sich das in den vorausgegangenen Vorschlägen beschriebene oder auch gekauftes Geschenkpapier. Wichtig ist, daß alle Faltungen sehr ordentlich ausgeführt werden. Auch wenn es nicht jedesmal gesagt wird, muß jede Faltkante gut mit dem Fingernagel flachgestrichen werden.

1. Um eine Schachtel mit den Maßen 5 x 10 cm herzustellen, benötigen wir zwei Kreise mit einem Durchmesser von 20 cm. Wer einen Dessertteller zur Hilfe nehmen möchte, erhält eine etwas kleinere Schachtel. Wir zeichnen mit dem Zirkel oder mit Hilfe des Tellers zwei gleichgroße Kreise auf und schneiden sie aus. Der eine Kreis wird das Bodenteil, der andere der Deckel. Sie werden beide auf die gleiche Art hergestellt. Wir beginnen mit dem Boden.

2. Wir falten den Kreis zu einem Halbkreis zusammen und öffnen ihn wieder. Dann falten wir ihn ein zweites Mal auf die Hälfte zusammen, jetzt aber so, daß die Endpunkte der Faltlinie genau aufeinanderliegen. Nach dem Öffnen hat unser Kreis nun zwei sich senkrecht kreuzende Durchmesser. Für die weitere Arbeit muß das Papier mit der gemusterten Seite nach unten liegen.

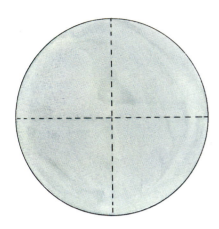

3. Wir falten den Kreisrand so, daß ein Endpunkt von einer Faltlinie genau an den Mittelpunkt stößt.

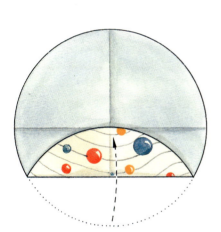

4. Anschließend falten wir die neu entstandene Faltlinie gleich noch einmal nach oben an die Mittellinie. Die gegenüberliegende Seite wird genau so zweimal an die Mittellinie gefaltet.

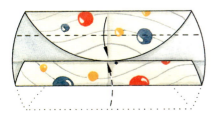

5. Danach öffnen wir alle vier Faltungen wieder und drehen den Kreis um 90 ° herum.

6. Auf genau die gleiche Art werden jetzt die beiden Endpunkte der zweiten Mittellinie gefaltet, es wiederholt sich also Schritt 3 und 4.

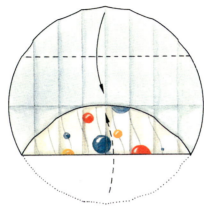

7. Unser geöffneter Kreis ist jetzt in viele kleine Flächen eingeteilt. Damit wir später die Seitenwände der Schachtel hochklappen können, schneiden wir mit der Schere auf dem 2. Knick von unten in der rechten Kreishälfte vom Kreisrand aus waagerecht bis zur 3. Faltung ein. Genauso verfahren wir mit dem 2. Knick von oben. Dann drehen wir den Kreis um 180 ° und schneiden genauso an der gegenüberliegenden Seite ein.

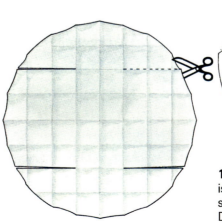

8. Damit die Schachtel später oben gerade Kanten erhält, falten wir jetzt den unteren Kreisabschnitt bis zur Höhe des Einschnittes nach oben. An der gegenüberliegenden Seite klappen wir diese Fläche entsprechend nach unten. Das werden jetzt unsere schmalen Seitenwände.

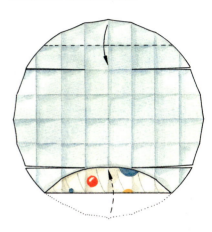

9. Genau an den Schnittlinien stellen wir nun diese Seitenteile senkrecht hoch und klappen die vier langen Spitzen genau am Ende des Einschnitts im rechten Winkel nach innen aufeinander zu. Die anderen beiden Kreisteile, die noch rechts und links flach auf dem Tisch liegen, klappen wir darüber. Sie halten das Ganze zusammen. Auf dem Boden der Schachtel sind dann zwei Kreisbogen zu sehen.

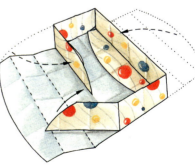

10. Das Bodenteil unserer Schachtel ist nun fertig. Aus dem zweiten Kreis stellen wir auf die gleiche Weise den Deckel für unsere Schachtel her.

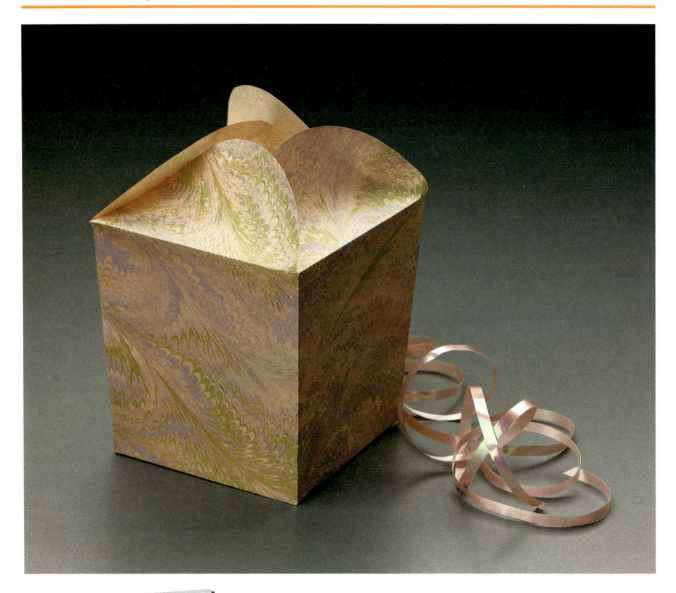

Schachtel mit Bogenrand

In solch einer dekorativen Schachtel können zum Beispiel selbstgemachte Süßigkeiten verschenkt werden.

1. Wir übertragen die Schablone für die Schachtel vom großen Vorlagebogen mit Pauspapier und Bleistift auf die weiße Seite unseres Papiers. Auch die gestrichelten Linien werden mit übertragen. Dann schneiden wir die Form entlang der Umrißlinie aus.

2. An allen gestrichelten Linien legen wir das Lineal an und ritzen dort die Papieroberfläche mit dem Messer ganz leicht an. Dadurch läßt sich das Papier an diesen Stellen später besser knicken.

- 1 Bogen festes Geschenkpapier oder ein Tapetenrest (45 x 26 cm)
- Pauspapier
- Bleistift
- Schere
- Papiermesser oder kleines Küchenmesser
- Lineal
- Pritt Bastelkleber

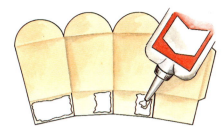

3. Jetzt klappen wir die oberen Bogen, die vier eckigen Bodenteile und die schmale Klebelasche einmal zur weißen Papierseite hin um, streichen die Faltkanten mit dem Fingernagel gut nach und öffnen alles wieder.

6. In dieser Reihenfolge schließen wir das Papier jetzt zur Schachtelform zusammen: Wir stellen die Seitenflächen senkrecht, so daß nur noch die Bodenteile möglichst flach auf dem Tisch liegen. Das linke Teil bleibt unten, das folgende wird darübergelegt, und das dritte schiebt man über das zweite.

7. Ist der Kleber getrocknet, bestreichen wir das letzte Bodenteil auf seiner farbigen Unterseite mit unserem Bastelkleber und drücken es gut am Schachtelboden fest.

9. Zum Schluß wird die Schachtel oben zugefaltet. Wir klappen hierzu einen der Bogen waagerecht zur Schachtelmitte hin. Den zweiten, benachbarten Bogen legen wir über den ersten, der nächste wird auf den zweiten geklappt. Der letzte Halbkreis wird über den dritten gelegt, während jedoch die andere Hälfte des Bogens unter den allerersten geschoben wird.

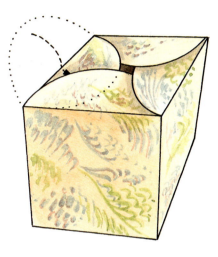

Alle Teile haben nun genügend Halt, obwohl sie nicht miteinander verklebt sind. Der Schachteldeckel läßt sich so beliebig oft verschließen und wieder auffalten.

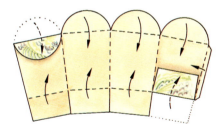

4. Anschließend falten wir auch die vier Seitenflächen einmal herum. Wer will, kann dann die Schachtel schon mal probeweise zusammenhalten. Schließlich legen wir das Papier wieder flach auf den Tisch.

5. Die eckigen Bodenteile bestreichen wir nun, wie auf der Zeichnung zu sehen ist, mit Pritt Bastelkleber: Das linke Feld wird ganz eingestrichen, die mittleren beiden auf der rechten Hälfte.

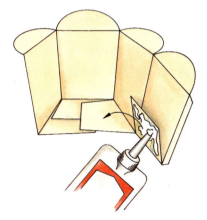

8. Wenn alles trocken ist, befestigen wir noch die seitliche, schmale Klebelasche an der benachbarten Innenseite.

Dreieckschachtel

- 1 Bogen festes Geschenk-
  papier oder Tapetenrest
  (25 x 30 cm)
- Pauspapier
- Bleistift
- Papiermesser oder kleines
  Küchenmesser
- Lineal
- Pritt Bastelkleber

Ganz anders in der Form, aber doch ähnlich in der Herstellungsweise wie die vorher beschriebene, ist diese Faltschachtel. Wer sie lieber höher oder niedriger haben möchte, verlängert oder verkürzt alle senkrechten Linien auf der Vorlage, während man die Dreiecksformen nicht verändert.

1. Wir übertragen die Schablone vom Vorlagebogen mit Pauspapier und Bleistift auf die weiße Rückseite des Papiers. Auch die gestrichelten und gepunkteten Linien werden mit übertragen.

2. An allen gestrichelten und gepunkteten Linien legen wir das Lineal an und ritzen dort die Papieroberfläche mit dem Messer ganz leicht an. Dadurch läßt sich das Papier an diesen Stellen später besser knicken.

3. Damit sich die Schachtel gut zusammenfügen läßt, falten wir dann das Papier an allen gestrichelten Linien einmal vor. Die farbige Seite soll dabei jeweils außen liegen.

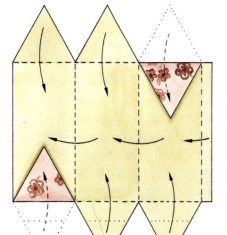

4. Nachdem wieder alles aufgeklappt ist, falten wir an den drei gepunkteten Linien die kleinen Dreiecke andersherum vor, so daß dort die weiße Seite außen liegt. Dann öffnen wir wieder alles.

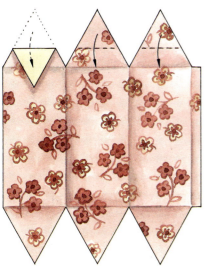

5. Um den Boden zusammenzufügen, bestreichen wir eines der äußeren Bodendreiecke auf der weißen Seite mit Klebstoff und kleben es mit dem mittleren paßgenau zusammen.

6. Das dritte Dreieck klappen wir nach oben, damit wir es auf der farbigen Seite mit Pritt Bastelkleber bestreichen können. Wir drücken es dann von innen an den beiden anderen fest.

7. Zum Schluß geben wir noch Klebstoff auf die bedruckte Seite der schmalen Lasche, schieben sie von innen gegen die benachbarte Seite und drücken sie fest. Hier können wir uns gut mit dem Lineal helfen, das wir von oben in die Schachtel schieben. Mit ihm drücken wir das Laschenteil gut fest.

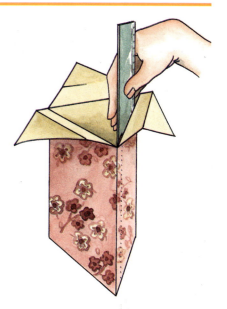

8. Die Schachtel wird jetzt oben zugefaltet. Zunächst klappen wir wieder alle kleinen Dreieckspitzen nach außen. Die so vorbereiteten Deckelteile werden nun ineinandergeschoben: Wir falten das erste zur Mitte und legen das zweite darüber. Das dritte Teil wird auf das zweite geklappt und unter das erste geschoben.

Die Schachtel ist jetzt fertig und kann gefüllt werden.

- 1 quadratisches Blatt festes Geschenkpapier oder Tapetenrest
- Pritt Bastelkleber
- eventuell 4 Wäscheklammern

Faltschachtel mit Blüte

Für diese Schachtel sollte man im Falten schon einige Übung besitzen. Damit man eine Schachtel mit einer Grundfläche von gut 7 x 7 cm erhält, braucht man ein Quadrat mit einer Seitenlänge von 20 cm. Natürlich kann man auch größere oder kleinere Schachteln basteln – am hübschesten sieht es jedenfalls aus, wenn Papier mit verschiedenfarbigen Seiten verwendet wird.

1. Wir legen das Quadrat so vor uns hin, daß die farbige Seite unten liegt. Wir falten es diagonal Spitze auf Spitze zu einem Dreieck zusammen. Dann klappen wir es auf und falten die anderen beiden Ecken aufeinander. Öffnen wir das Papier, so überschneiden sich die beiden Faltlinien genau im Mittelpunkt.

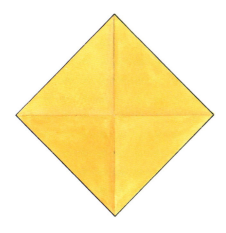

2. Alle vier Ecken klappen wir jetzt zum Mittelpunkt und streichen die Faltkanten besonders gut mit dem Fingernagel nach. Dann läßt sich die Schachtelform später leichter in die richtige Form bringen. Wir klappen die Ecken dann wieder zurück.

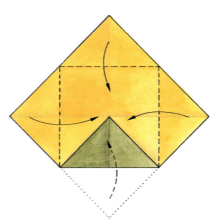

3. Wie die Zeichnung zeigt, falten wir nun eine Spitze bis zu der neu entstandenen Faltlinie an der gegenüberliegenden Ecke und klappen sie wieder zurück. So verfahren wir mit allen vier Spitzen.

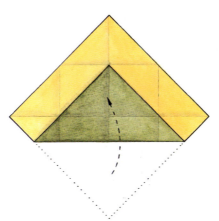

4. Jetzt wenden wir das Papier, so daß die farbige Seite oben liegt. Dann falten wir das Quadrat zur Hälfte zu einem Rechteck zusammen und öffnen es wieder. In der anderen Richtung machen wir es anschließend genauso.

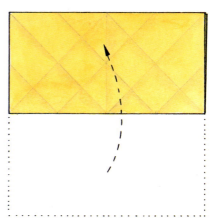

5. Wir klappen anschließend den Rand an jeder Seite so weit um, daß die vier Kanten dabei halbiert werden. Alle vier Seiten werden jedesmal wieder aufgeklappt, bevor man an die nächste Seite geht.

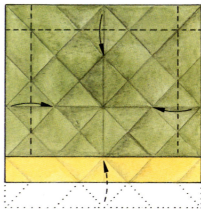

6. Jetzt ist die Vorarbeit beendet: Vor uns liegt ein Quadrat, das mit einem Gitternetz aus Faltlinien überzogen ist. Daß sich einige Linien nach oben, einige nach unten wölben, ist für die Weiterarbeit wichtig. Wir wenden das Papier wieder, so daß die farbige Seite unten liegt. Eine Ecke soll zu uns zeigen. Die Flächen a–d (sie sind etwas dunkler dargestellt) werden später zu Seitenwänden und Deckel, das unterteilte Quadrat in der Mitte ergibt den Schachtelboden.

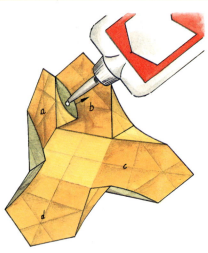

9. Nach und nach klappen wir jetzt an allen spitzen Giebeln die rechte schräge Kante an der vorgefalteten Linie entlang nach unten.

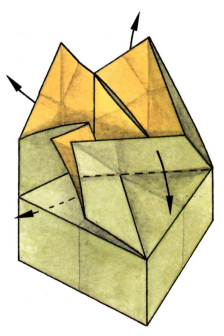

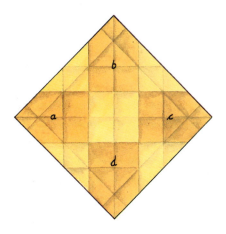

8. Sobald der Klebstoff fest genug ist (eine Wäscheklammer kann inzwischen die Stelle zusammenhalten), drehen wir die Schachtel weiter und stellen die Fläche c hoch. Die entstehende Tüte zwischen b und c falten und kleben wir wie vorhin beschrieben auch wieder nach innen und nach rechts zeigend gegen die Seitenwand c. Sind auch die restlichen zwei Seitenwände hochgestellt und die Tüten innen festgeklebt (immer in die gleiche Richtung zeigend), sieht jede Seite der Schachtel wie ein kleines Giebelhaus aus.

7. Wir stellen die Flächen a und b hoch. Das Dreieck dazwischen legt sich dabei in der Mitte zusammen, so daß sich eine kleine Tüte ergibt. Unten in die Tüte hinein und auf ihre rechte Seite geben wir etwas Pritt Bastelkleber und drücken sie nach rechts von innen gegen die Fläche b.

10. Sind die vier Kanten umgeklappt, werden der Reihe nach die oberen Giebelteile zur Schachtelmitte gefaltet. Dabei legt sich immer das rechte Teil ein Stück über das linke, während wir die Schachtel weiterdrehen. Schließlich haben wir einen Deckel, der wie eine Blüte aussieht und sich bequem öffnen und wieder schließen läßt.

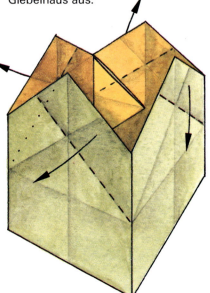

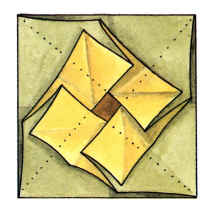

- 1 Bogen Geschenkpapier
- Schere
- durchsichtiges Klebeband
- Bleistift
- farblich passendes Geschenkband
- Pritt Bastelkleber

Ein stolzer Pfau

Für ganz besondere Anlässe und Ansprüche, für Menschen, die liebevoll verpackte Geschenke zu schätzen wissen, ist dieser Vorschlag gedacht. Am besten eignet sich ein flaches Geschenk.

Wer dennoch ein anders geformtes Geschenk mit einem Pfau schmücken möchte, packt es zunächst wie gewohnt ein und faltet dann den Pfau separat. Hinterher wird er an passender Stelle aufgeklebt.

1. Zuerst packen wir das Geschenk so ein, daß das Papier an einer Schmalseite um so viel länger ist, wie dort die einfache, besser die doppelte Breite des Geschenks beträgt. Mit der Schere bringen wir das Papier auf die richtige Länge. Mit dem Klebeband halten wir unser Papier auf der Geschenkunterseite zusammen. Das überstehende und doppelt liegende Papier streichen wir mit der Hand flach.

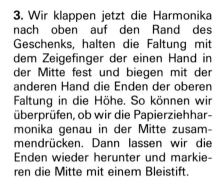

2. Daraus falten wir nun den Fächerschwanz des Pfaus. Dies ist etwas mühsam, da das Geschenk bei jeder Faltung hin und her gewendet werden muß. Wir beginnen also am offenen Ende und falten einen Streifen von etwa 1,5 cm Breite ein, wenden das Ganze und falten jetzt von der anderen Seite einen genauso breiten Streifen ein. Wir wiederholen diesen Schritt, bis das Ende immer kürzer und die entstehende Ziehharmonika immer dicker wird. Bei der letzten Faltung, kurz bevor man direkt am Geschenk selbst angekommen ist, soll die Ziehharmonika unten liegen. (Haben wir ein sehr kleines oder ein sehr breites Geschenk eingepackt, wählen wir eine entsprechend schmalere oder breitere Faltbreite.)

3. Wir klappen jetzt die Harmonika nach oben auf den Rand des Geschenks, halten die Faltung mit dem Zeigefinger der einen Hand in der Mitte fest und biegen mit der anderen Hand die Enden der oberen Faltung in die Höhe. So können wir überprüfen, ob wir die Papierziehharmonika genau in der Mitte zusammendrücken. Dann lassen wir die Enden wieder herunter und markieren die Mitte mit einem Bleistift.

4. Damit der Fächer später gut stehenbleibt, sichern wir ihn mit einem Stück durchsichtigem Klebeband, mit dem wir die Fächermitte auf dem Geschenk festkleben. Jetzt kann man auch noch gut ein hübsches Band um das Geschenk binden und genau über die Fächermitte führen. Unter dem Päckchen wird das Band verknotet. Oben, direkt vor dem Fächer, kleben wir es mit etwas Klebestreifen möglichst unsichtbar fest.

5. Erst jetzt klappen wir den Fächer wieder zum Halbkreis nach oben und kleben ihn mit Pritt Bastelkleber zusammen. Unten allerdings muß ein Spalt offenbleiben, damit wir dort später den Pfauenkörper hineinstecken können.

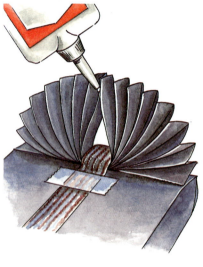

6. Jetzt falten wir den Körper des Pfaus. Hierfür benötigen wir ein Quadrat aus dem gleichen Geschenkpapier, das ungefähr halb so breit sein soll wie das Geschenk. Wir falten das Papier diagonal mit der weißen Seite nach innen zu einem Dreieck und öffnen es wieder. Dann falten wir die zwei Seiten a und b zur Mittellinie, die Ecken stoßen aneinander.

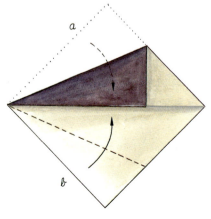

7. Die gegenüberliegenden Seiten c und d werden ebenfalls zur Mittellinie gefaltet.

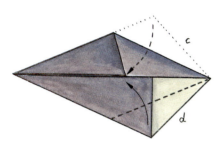

8. Dann wenden wir die Form um ihre Längsachse, so daß alle Faltungen unten liegen. Die rechte Spitze falten wir entlang der gestrichelten Linie nach links, sie stößt etwa an die gedachte Verbindung zwischen der oberen und unteren Ecke.

9. Nun klappen wir die obere Hälfte der Form nach unten um.

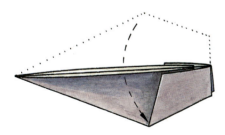

10. Die linke Spitze falten wir an der gestrichelten Linie nach oben rechts und klappen sie wieder zurück.

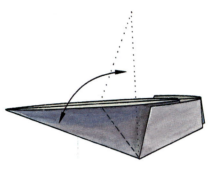

11. Dann wird die Form so weit von unten geöffnet, daß man die linke, lange Spitze an dem entstandenen Knick nach oben falten kann. Der Pfau hat nun einen Hals. Die Form selbst, also den Rumpf, legt man wieder unten zusammen.

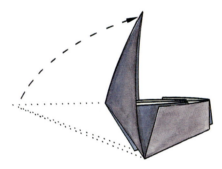

12. Für den Kopf knicken wir die Spitze an der eingezeichneten Linie vor und wieder zurück.

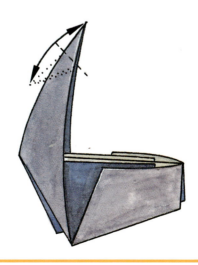

13. Wir öffnen den Hals noch einmal, falten die kleine Spitze am entstandenen Knick nach links und legen den Hals wieder zusammen. Jetzt hat der Pfau auch einen Kopf.

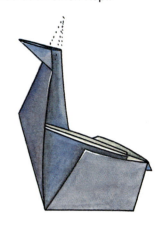

14. Das Krönchen stellen wir extra her. Wir falten eine winzige Ziehharmonika aus einem quadratischen Blatt Papier und kleben sie mit Pritt Bastelkleber hinten am Kopf des Pfaus fest.

15. Zum Schluß schieben wir den Körper in den Spalt am Fächerschwanz, so daß der Kopf zum Geschenk schaut. Stolz schlägt jetzt der Pfau sein prächtiges Rad.

Rund um die Geburtstagsfeier

Geburtstage sind immer ganz besondere Feste. Der Eingeladene überlegt sich schon frühzeitig, was er schenken möchte, der Gastgeber macht sich währenddessen Gedanken darüber, wie er eine fröhliche Feier gestalten kann. Bei Kindergeburtstagen ist natürlich besonders viel los: Es gibt Wettspiele und kleine Preise, auf dem Tisch stehen bunte Tischkärtchen – und vielleicht findet sogar eine kleine Theatervorstellung statt.

Wenn man erst einmal mit den Vorbereitungen begonnen hat, kommen meistens noch viele Ideen hinzu. Gerne helfen die Kinder bei all den Aktivitäten mit. Und warum sollte man bei einer Geburtstagsfeier nicht eine kleine Bastelrunde einplanen?

Materialliste (auf Notizzettel):
- Pauspapier
- Bleistift
- 1 Stück dünner, grauer Karton oder weißer Zeichenkarton (etwa 11 x 13 cm)
- Schere
- Buntstifte

Fingerspielfiguren

Diese Elefanten eignen sich nicht nur als kleines Geschenk für das Geburtstagskind, sondern auch als Überraschung für die kleinen Gäste.

1. Von der Schablonenzeichnung auf Seite 221 pausen wir mit Pauspapier und Bleistift den Elefanten auf unsere Pappe ab.

2. Mit der Schere schneiden wir dann den Elefanten entlang der Umrißlinie und zusätzlich das kreisrunde Loch aus. Die Abgrenzungslinien zwischen Kopf, Ohren und Zehen werden nicht ausgeschnitten, wir ziehen sie (wie die Augen) nur mit dem Bleistift kräftig nach.

3. Wir malen nun mit Buntstiften in verwandten Farbtönen das Gesicht, die Ohren und den Körper unseres Rüsseltiers an. Wer doch lieber einen grauen Elefanten haben möchte, kann ganz leicht mit Bleistiften unterschiedlicher Härtegrade verschiedene Grautöne erzeugen. Es geht natürlich auch mit einem Stift: Wir drücken ihn dann beim Zeichnen verschieden stark auf.

4. Wenn wir nun den Zeigefinger von hinten durch das Loch schieben, hat unser Elefant auch einen Rüssel, und wir können mit ihm spielen.

- Pauspapier
- Bleistift
- dünnes Papier, zum Beispiel Seidenpapier (etwa 16 x 16 cm)
- eventuell Buntstifte
- Schere
- Filzstifte
- Luftballon

Die beißende Schlange

Eine nette Überraschung für große und kleine Geburtstagskinder kann eine solche Schlange sein. Sie ist sehr einfach herzustellen, verblüfft aber durch ihre ausgesprochen große Beweglichkeit.

1. Von der Zeichnung auf Seite 218 übertragen wir mit Pauspapier und Bleistift die Schlange auf unser dünnes Papier. Wer Seidenpapier verwendet, kann die Vorlage direkt darauf durchzeichnen. Haben wir weißes Papier, so können wir mit Buntstiften oder Filzstiften unsere Schlange noch anmalen.

2. Danach schneiden wir entlang der Linie sorgfältig die spiralförmige Schlange aus.

3. Die schraffierten Flächen werden weggeschnitten, dabei muß man auf die gespaltene Zunge der Schlange achten. Die Augen malen wir mit Filzstiften auf.

4. Nun ist unsere Schlange schon für ein lustiges Spielchen bereit. Wir benötigen dazu noch einen Ballon, den wir aufblasen und mit einem Knoten verschließen. Wir reiben den Luftballon etwas an unserer Kleidung und nähern ihn dem Schlangenkopf. Der schießt nun vor und auf den Ballon zu. Es sieht aus, als wolle die Schlange in den Ballon beißen. Rührt sie sich nicht, muß der Ballon kräftiger gerieben werden.

Wurfpfeil

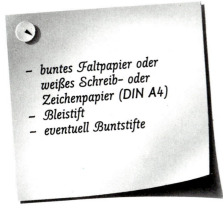

Material:
- buntes Faltpapier oder weißes Schreib- oder Zeichenpapier (DIN A4)
- Bleistift
- eventuell Buntstifte

Es gibt Tage, die sind zu naß für ein Geburtstagspicknick oder für das Spielen im Sand. Da kann ein solcher Papierflieger schnell wieder für gute Laune sorgen. Er ist leicht zu falten, und nachdem jeder Flugkapitän seinen Namen auf seinen Flieger geschrieben hat, kann man eine Linie ziehen und von da aus die Pfeile um die Wette starten.

1. Wir legen das Blatt waagerecht vor uns auf den Tisch und falten die beiden Längsseiten unseres Papiers aufeinander. Die Faltkanten streichen wir sorgfältig nach, dann öffnen wir das Papier wieder.

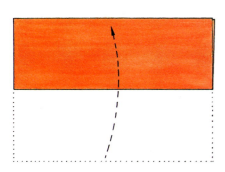

2. Wir falten die beiden linken Ecken bis an die Mittellinie heran; die beiden Kanten sollen dort nur aneinanderstoßen und dürfen sich nicht überschneiden. Die beiden Knicke werden mit dem Fingernagel sorgfältig nachgezogen.

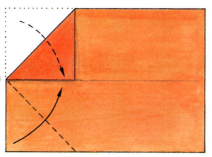

3. Wir klappen auf die gleiche Weise auch die beiden neu entstandenen Faltkanten an die Mittellinie und ziehen die Knicke wieder gut nach.

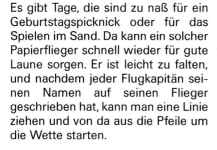

4. Nun wenden wir das Blatt, so daß alle Faltungen für uns nicht sichtbar auf dem Tisch liegen. Jetzt falten wir von dieser Seite genau wie vorher beschrieben die beiden Flügel wieder nacheinander zur Mittellinie. Nun ist unser Pfeil schon fast fertig.

5. Wir wenden das Papier, so daß wieder die ersten Faltungen oben liegen, und klappen den Pfeil an der Mittellinie zusammen.

6. Jetzt halten wir ihn von unten am Mittelknick fest und klappen die beiden Flügel zu einer waagerechten Fläche nach oben.

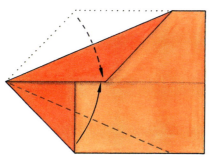

7. Bevor wir unseren Pfeil mit einem kleinen Stoß davonfliegen lassen, sollte jeder den Namen auf seinen Pfeil schreiben. Wer will, kann ihn noch mit Buntstiften ganz individuell anmalen.

- 1 Blatt Tonpapier
  (16 x 16 cm)
- Pauspapier
- Bleistift
- alte Zeitungen
- Papiermesser oder
  scharfes Küchenmesser
- Lineal
- Schere
- 1 Schaschlikspieß
- Pritt Bastelkleber
- 2 Holzperlen (⌀ etwa
  1 cm oder größer)

Windrädchen

Windrädchen sind für Kinder immer ein beliebtes Spielzeug. Auf einem Kindergeburtstag können wir gemeinsam mit unseren Gästen solche Windrädchen basteln oder sie vorher fertigstellen und nach einem Wettspiel als Preise austeilen.

1. Wir pausen die Vorlage von Seite 221 auf das Tonpapier ab. Dann legen wir eine dicke Lage alter Zeitungen zum Schutz auf die Tischplatte, denn wir arbeiten jetzt mit dem Messer weiter.

2. Mit dem Papier- oder Küchenmesser schneiden wir (am besten an einem Lineal entlang) das Papier an allen Linien ein. Wir führen das Messer immer vom Ende der Linien zur Winkelspitze hin, dann verknickt das Papier nicht so leicht.

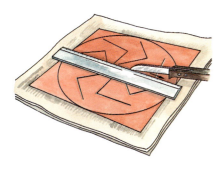

3. Schließlich schneiden wir den Kreis mit der Schere aus und stechen mit dem Schaschlikspieß vorsichtig das Loch in der Mitte ein.

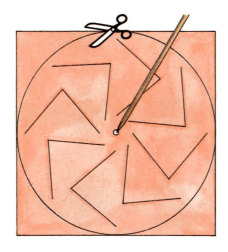

4. Jetzt widmen wir uns den Dreiekken, die durch das Schneiden entstanden sind. Zuerst klappen wir von der einen Papierseite aus jedes zweite Dreieck genau am Ende der Einschnitte herum und streichen die Faltkante gut nach. Die vier Dreiecke sind jetzt teilweise verdeckt.

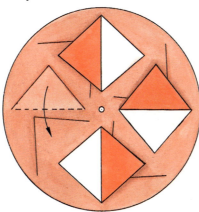

5. Dann wenden wir das Windrädchen, so daß die herumgeklappten Dreiecke unten liegen. Wir sehen vier dreieckige Löcher und die vier noch geschlossenen Spitzen.

6. Diese vier Dreiecke, die noch nicht herausgeklappt sind, werden jetzt von dieser Seite aus herumgelegt; die

Knicke werden wieder gut nachgezogen. Dann klappen wir alle acht Flächen so ab, daß sie senkrecht zu beiden Seiten von der runden Kreisfläche abstehen.

7. Durch das Loch in der Mitte stecken wir den Schaschlikspieß. Damit das Rädchen nicht wieder abrutschen kann, bestreichen wir die Enden des Spießes mit Pritt Bastelkleber und schieben dann eine Perle darauf. Nun fehlt nur noch der Wind, und das Rädchen dreht sich.

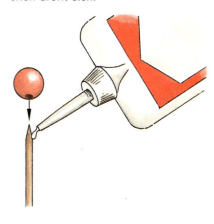

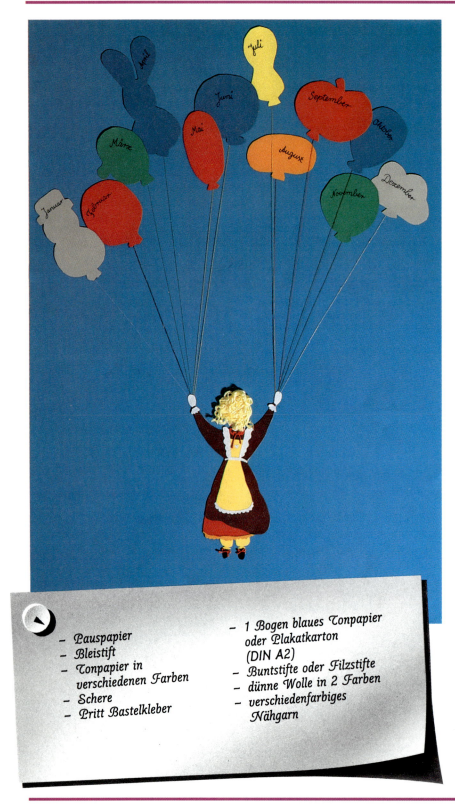

Geburtstagskalender

Geburtstage, die man auf diesem Kalender notiert, vergißt man nicht mehr so leicht. Jeder Ballon ist für einen Monat reserviert; man braucht nur noch die Namen und Geburtsdaten einzutragen.

1. Zuerst pausen wir alle Teile für das Mädchen auf das Tonpapier ab. Die Farben sollen gut zueinander passen, die Rüschen für Ärmel und Schürze sollten nach Möglichkeit weiß sein. Dann schneiden wir alles aus.

2. Bevor wir das Mädchen auf den blauen Karton kleben, setzen wir die Einzelteile zusammen. Wir kleben die längliche Rüsche an den Unterrock und setzen dann das Teil von hinten gegen die untere Schräge des Kleides. Während der Klebstoff trocknet, kleben wir die Schuhe von hinten gegen die Hosenbeinrüschen.

3. Dann setzen wir den Kopf am Halsausschnitt des Kleides an; darüber kleben wir mit Pritt Bastelkleber den Kragen an. Jetzt kann man schon die Beine mit den Schuhen von hinten gegen den Unterrock setzen.

4. An den Schürzensaum kleben wir die schmale Rüsche, oben befestigen wir das andere Teil und das Herzchen. Dann setzen wir die fertige Schürze auf das Kleid. Die Hände und die Ärmelrüschen müssen jedoch noch lose bleiben, sonst können wir dort nicht die Ballonfäden festkleben.

5. Das fertige Mädchen wird jetzt auf den großen Karton gelegt und mit Pritt Bastelkleber aufgeklebt. Mit den Stiften können wir noch ein Gesicht andeuten. Danach sorgen wir für eine zerzauste Wuschelfrisur aus Wolle, außerdem setzen wir je eine Wollschleife an den Kragen und die Schuhe.

- Pauspapier
- Bleistift
- Tonpapier in verschiedenen Farben
- Schere
- Pritt Bastelkleber
- 1 Bogen blaues Tonpapier oder Plakatkarton (DIN A2)
- Buntstifte oder Filzstifte
- dünne Wolle in 2 Farben
- verschiedenfarbiges Nähgarn

6. Schließlich entwerfen wir noch die zwölf bunten Ballons und schneiden sie aus Tonpapier aus. Sie dürfen nicht zu klein sein, denn man braucht ja Platz für die Beschriftung. Nachdem wir sie schön auf dem Karton angeordnet haben, schreiben wir auf jeden Ballon einen Monatsnamen und kleben dann alles fest. Am unteren Ende werden gleichzeitig genügend lange Fäden mit befestigt.

7. Dort, wo später die Hände des Mädchens sein sollen, geben wir einen Tupfen Pritt Bastelkleber auf den Karton und führen jeweils sechs Fäden dort hinein. Ist der Klebstoff trocken, schneiden wir die überstehenden Fadenenden ganz kurz ab.

8. Schließlich kleben wir die Hände und die Ärmelrüschen an die Ärmel, so daß die Fadenenden verdeckt sind. Fertig ist der Kalender!

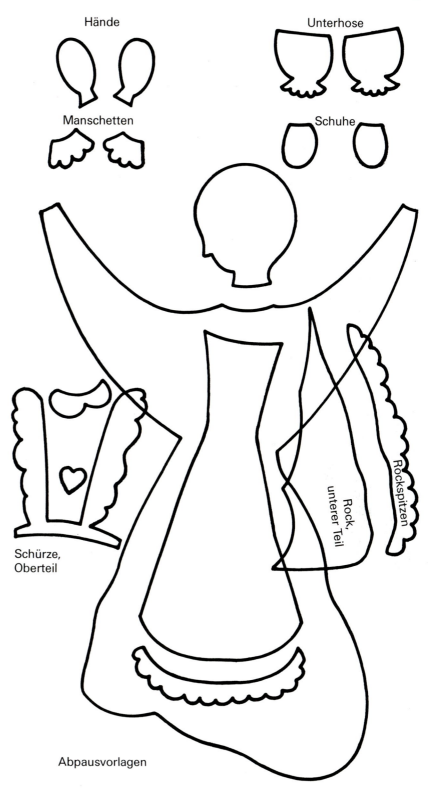

Hände

Unterhose

Manschetten

Schuhe

Schürze, Oberteil

Rock, unterer Teil

Rockspitzen

Abpausvorlagen

Papierschiffchen mit Kapitänsgeschichte

Solche gefalteten Schiffe kann man bei einer Geburtstagsfeier sehr vielfältig einsetzen. Bastelt man sie aus buntem Faltpapier und versieht man sie mit den Namen der Gäste, können sie als Tischkarten dienen. Wer jedoch ein großes Schiff aus festem Papier herstellt, kann es mit vielen kleinen Geschenken füllen und dem Geburtstagskind damit eine besondere Freude bereiten. Wichtig ist beim Falten, daß alle Knicke immer gut mit dem Fingernagel nachgezogen werden, auch wenn das nicht jedesmal in der Bastelanleitung wiederholt wird. Das erleichtert uns nämlich alle weiteren Arbeitsgänge erheblich.

1. Wir legen das Papier senkrecht vor uns auf den Tisch und falten die obere schmale Seite auf die untere. Die Faltkante streichen wir sorgfältig mit dem Fingernagel nach.

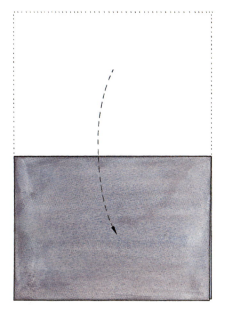

2. Jetzt falten wir das Doppelblatt in der anderen Richtung zur Hälfte zusammen, ziehen die Faltkante gut nach und öffnen diese letzte Faltung wieder. Wir haben eine Mittellinie erhalten.

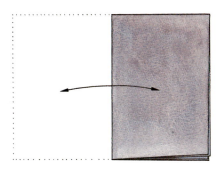

3. Von der oberen, geschlossenen Kante aus klappen wir nun die linke Ecke sorgfältig zur Mittellinie herunter. Das gleiche machen wir auch mit der rechten Ecke. Es stoßen jetzt zwei Dreiecke aneinander.

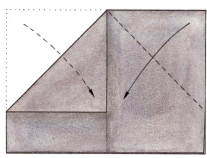

4. Von dem unten herausschauenden Papier klappen wir den obenaufliegenden Streifen so weit wie möglich über die beiden Dreiecke nach oben.

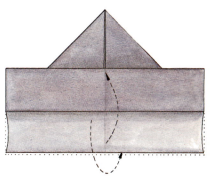

5. Wir wenden die Faltarbeit und klappen auch hier den überstehenden Papierstreifen nach oben.

6. Nun greifen wir von unten in die Öffnung hinein und drücken die Dreiecksform leicht auseinander. Dabei schieben wir an jeder Seite die Enden des einen Papierstreifens unter den anderen. Wir haben nun einen Papierhut hergestellt. Aus dieser Form entwickeln wir weiter das Schiffchen.

7. Wir legen die beiden unteren Spitzen unseres Hutes aufeinander, so daß sich die Form in der anderen Richtung wieder schließt. Die schrägen Kanten oben streichen wir sorgfältig flach, wir erhalten ein auf der Spitze stehendes Quadrat.

8. Nun klappen wir die obenaufliegende Spitze von unten nach oben zur geschlossenen Ecke hoch und streichen die neue Faltkante gut nach.

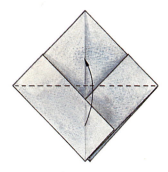

9. Wir wenden das Papier, so daß die letzte Faltung auf der Tischplatte liegt. Dann klappen wir auch an dieser Seite die untere Spitze nach oben. Wir erhalten ein Dreieck.

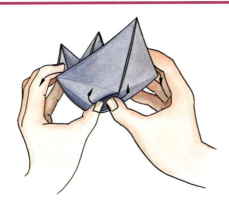

10. Unser Papier sieht nun wieder wie ein kleiner Hut aus. Wir greifen von unten hinein und drücken die gesamte Form wieder so weit auseinander, bis die beiden unteren Ecken aufeinanderliegen. Alle Faltungen streichen wir sorgfältig nach. Unser Papier sieht wieder wie ein auf der Spitze stehendes Quadrat aus.

11. An der geschlossenen, oberen Ecke ist nun eine Mittelspitze zu sehen, die rechts und links von zwei schmalen Spitzen eingeschlossen wird. Mit Daumen und Zeigefinger ziehen wir diese äußeren Ecken vorsichtig so weit auseinander, bis das fertige Schiffchen flach und langgestreckt vor uns liegt. Dann streichen wir es glatt.

12. Wenn wir die Öffnung an der Unterseite des Bootes etwas auseinanderbiegen, kann es sogar schwimmen.
Die folgende „Seeräuberkapitänsgeschichte" kann in fröhlicher Runde nach dem Falten erzählt werden.

Kapitänsgeschichte

Es war einmal ein grimmiger Seeräuberkapitän. Der fuhr mit seinem Schiff über das Meer und lauerte anderen Schiffen auf, um sie zu überfallen. (Wir setzen unser Schiff auf den Zeigefinger und drehen die Hand suchend hin und her.)
Dabei bemerkte er gar nicht, daß ein furchtbarer Sturm heraufzog. Die Wellen wurden immer höher und schlugen gegen das Schiff. Es begann zu schaukeln – bald war es hoch oben auf einer Welle, bald tief unten. Auf und ab ging es in einem fort. (Die Bewegungen werden dem Text entsprechend ausgeführt.)

Da geschah es: Der große Mast in der Mitte des Schiffes brach ab! (Wir nehmen das Schiff und reißen die mittlere Spitze ab.)

Zu allem Unglück fiel der Mast so herunter, daß er das Ende des Schiffes auch noch zertrümmerte. (Wir reißen ein Ende des Papierbootes ab.)

Das war schlimm, denn nun konnte das Schiff nicht mehr gesteuert werden. Es drehte sich unaufhörlich im Kreise, bis es an einem Felsen anschlug – und zu allem Pech zerbrach auch noch das andere Ende des Schiffes. (Wir reißen das andere Ende des Bootes ab.)

So kam es, wie es kommen mußte: Immer mehr Wasser drang in das Schiff ein, bis es schließlich sank. (Wir nehmen die Hände herunter und falten das Papier auseinander.)
Am anderen Morgen jedoch schaukelte ein Hemd auf dem Meer. (Nach dem Auffalten hat unser Papier die Form eines Hemdes: Wir fassen es in Querrichtung an den kurzen Ärmeln an und heben es hoch.)
Und nun sagt mir: War es Winter oder Sommer, als dem Seeräuberkapitän dieses schreckliche Unglück widerfuhr?
(Wir lassen die Gäste raten.)
Es war Sommer. Wieso ich das behaupte? Nun, das Hemd hat ja kurze Ärmel! Wäre es im Winter geschehen, so hätte es (wir falten das Papier auseinander und legen es diesmal in der anderen Richtung zusammen) lange Ärmel gehabt. (Nach dem letzten Falten ist das Hemd etwas kürzer, hat dafür aber lange Ärmel.)
Viel Spaß!

4. Anschließend nehmen wir die dritte Farbe von ganz links und flechten mit ihr nach rechts herüber, danach verfahren wir genauso mit der vierten Farbe.

So geht es immer weiter, jedesmal wird das ganz links liegende Band mit den drei herabhängenden verflochten; man arbeitet also alle Flechtgänge in nur einer Richtung mit immer den gleichen Handbewegungen. Am besten prägt man sich den Rhythmus „drüber, drunter, drüber" gut ein, dann kann man eigentlich nicht durcheinanderkommen.

- 4 Streifen Kreppapier in verschiedenen Farben (6-10 cm breit, etwa 90 cm lang)
- Bürohefter (Tacker) oder Pritt Bastelkleber
- Schere

Geburtstagskränzchen

Eine nette Überraschung kann dieses Kränzchen sein. Es ist aus vier Krepppapierbändern leicht zu flechten und sieht dekorativer aus als ein aus drei Strängen geflochtenes Kränzchen.

1. Wir falten die Kreppapierstreifen zweimal der Länge nach auf die Hälfte zusammen, damit sie fülliger wirken. Dann heften oder kleben wir die vier Bänder, an einem Ende zusammen.

Da wir zum Flechten beide Hände brauchen, sollte uns jemand die Arbeit festhalten.

2. Wir breiten die vier Bänder nebeneinander aus. Dann wird immer abwechselnd ein Streifen nach dem anderen quer durch die anderen geflochten, und zwar beginnen wir bei jedem Flechtgang an der linken Seite mit der äußeren Farbe: Mit der linken Hand legen wir das erste Band beinahe waagerecht über das zweite, unter das dritte und wieder über das vierte Band. Wir lassen es dann einfach lose an der rechten Seite herabhängen.

3. Jetzt geht es mit der nächsten Farbe genauso weiter: Wieder nehmen wir das Band, das jetzt ganz links liegt, und führen es genauso über dem zweiten, unter dem dritten und über dem vierten Band nach rechts. Wir lassen es wie vorher dann herabhängen.

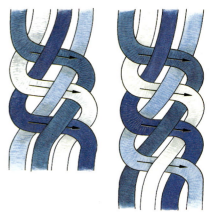

5. Sobald der Viererzopf etwa 50 cm lang ist, halten wir alle vier Bänder am Ende des letzten Flechtganges zusammen und kleben oder heften diese Stelle mit dem Anfangsstück zusammen.

6. Die vier herabhängenden Enden des Kreppapiers schneiden wir mit der Schere in schmale Streifen, so daß sie luftig und lustig aussehen: Das Kränzchen ist nun fertig.

Schwalbe

– 1 Blatt Falt- oder
  Schreibmaschinenpapier
  (DIN A4)
– Schere

Ein hübsches Geschenk, das dem Geburtstagskind und seinen Gästen gleichermaßen Freude bereitet, ist diese Papierschwalbe. Sie kann als originelle Tischkarte dienen, man kann aber auch ein Wettfliegen mit ihr veranstalten.

Bei größeren Kindern kann man auch gemeinsam mit den Geburtstagsgästen eine ganze Schwalbenschar bauen und anschließend ein Wettfliegen veranstalten!

1. Wir legen das Blatt quer vor uns auf den Tisch und falten die untere linke Ecke zur oberen Seite hoch; die entstehende Faltkante soll dabei ganz genau durch die linke obere Ecke laufen. Den überstehenden Streifen an der rechten Seite schneiden wir sorgfältig mit der Schere ab. Wir legen ihn vorerst beiseite, wir benötigen ihn aber später noch, um daraus den Schwalbenschwanz zu machen. Zunächst werden wir aus dem zu einem Dreieck gefalteten Quadrat den Körper der Schwalbe basteln.

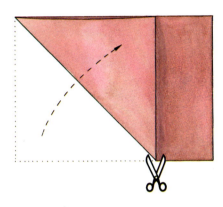

2. Das Dreieck öffnen wir wieder zum Quadrat, falten dann die beiden anderen Ecken an den Enden der Diagonalen aufeinander und öffnen das Blatt wieder. Danach wenden wir es, so daß sich die zwei Knicklinien zur Mitte hin leicht vom Tisch abheben. Dann klappen wir das Quadrat zur Hälfte zu einem Rechteck zusammen. Nach dem Öffnen haben wir drei sich kreuzende Linien, so wie es die Zeichnung zeigt. Dabei wölben sich die diagonalen Knicke nach oben, die waagerechte Faltlinie dagegen knickt nach unten ein.

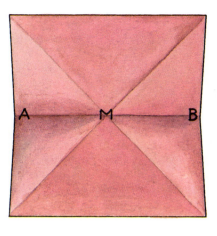

3. Wir drücken mit den beiden Mittelfingern auf die Punkte A und B und schieben sie leicht aufeinander zu. Der Mittelpunkt M hebt sich dadurch. Wenn die Punkte A und B zusammenkommen, legen wir die Faltarbeit flach auf den Tisch und streichen alles glatt. Wir haben eine Dreiecksform vor uns.

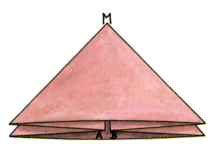

4. Die beiden unteren Ecken des obenauf liegenden Dreiecks falten wir mit den offenen Unterkanten nacheinander zur gedachten Mittellinie. Die beiden Spitzen liegen dann auf Punkt M. Wir haben dann ein auf der Ecke stehendes Quadrat vor uns.

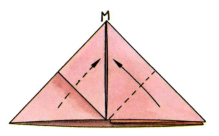

5. Wir legen nun die beiden zuletzt entstandenen schrägen Faltkanten an die Mittellinie und streichen die Knicke sorgfältig nach. Es entsteht eine Art Tüte. Anschließend öffnen wir die Tüte wieder.

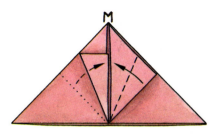

6. Wir drehen die Faltarbeit so, daß die Spitze M jetzt nach unten zeigt. Dann falten wir auch von dieser Seite wie vorhin beschrieben eine Tüte. Nachdem die Knicke gut nachgestrichen wurden, öffnen wir nun die Tüte wieder.

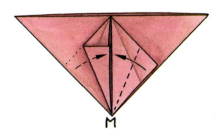

7. Den Zeigefinger der linken Hand legen wir jetzt auf die linke Flügelspitze des Quadrats, Daumen und Mittelfinger der gleichen Hand schieben sich darunter und drücken die Spitze von außen zusammen. Die Kanten des Flügels werden dann bis zur Mittellinie heruntergeklappt, so daß dann eine kleine Spitze vom Papier hochsteht. Mit der rechten Ecke machen wir es genauso.

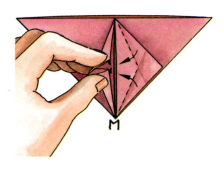

8. Jetzt klappen wir beide Spitzen flach nach unten zu Punkt M herunter.

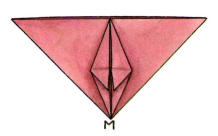

9. Jetzt nehmen wir das zu Anfang abgeschnittene Rechteck zur Hand und falten es einmal der Länge nach zur Hälfte zusammen. Weil der Schwanz für unsere Schwalbe so zu breit wäre, schneiden wir ihn genau an der Faltlinie entlang auseinander und arbeiten nur mit einem der Teile weiter.

10. Diesen schmalen Streifen falten wir nun auch der Länge nach auf die halbe Breite zusammen und schneiden ihn dann etwa zu einem Drittel spitz zu. Wir müssen darauf achten, daß wir nicht zu viel wegschneiden, da die Schwalbe sonst nicht mehr gut fliegen kann. Dann öffnen wir den Schwalbenschwanz.

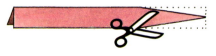

11. Der vorbereitete Schwalbenkörper wird nun gewendet, so daß alle Faltungen zur Tischplatte nach unten zeigen. Dann schieben wir das gerade Ende des Schwanzes, so weit es geht, in die Schwalbe hinein. Danach wird die Spitze des Dreiecks, also Punkt M, bis an die lange Hinterkante der Schwalbe umgeklappt. Die Kante wird gut mit dem Fingernagel nachgestrichen.

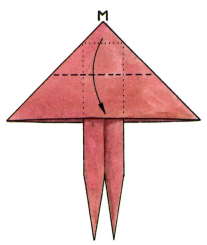

12. Nun falten wir die Schwalbe einmal entlang der Längsachse nach oben zusammen. Um die Schwalbe nun in ihrer typischen Art fliegen zu lassen, greifen wir mit dem Zeigefinger von vorn zwischen die Flügel – der Schwanz zeigt von der Hand weg – und werfen die Schwalbe für ihren ersten Startversuch hoch in die Luft.

- Pauspapier
- Bleistift
- 4 Bogen Pappe
  (DIN A4)
- Schere
- doppelseitiges Klebeband
- 5 Musterbeutelklammern
- 3 Schaschlikspießchen
- Pattex compact
- durchsichtiges Klebeband
- Draht (etwa 1,25 m,
  ∅ 1 mm)
- Kombizange

Schattenspielfiguren für „Hase und Igel"

Wer kennt nicht die Geschichte vom Hasen und vom Igel? Bei den Gebrüdern Grimm kann man sie nachlesen. Ganz bestimmt wird solch ein Märchen zum Höhepunkt eines Kindergeburtstages werden, wenn man es als Schattenspiel aufführt. Am besten spielt man es mit zwei Personen.

Als Bühne kann ein Kaspertheater dienen, vor dessen Öffnung man von innen ein weißes Tuch als Spielfläche spannt. Genausogut eignet sich aber auch ein Türrahmen, der in Spielhöhe mit einem weißen Tuch zugehängt wird. Als Beleuchtung braucht man eine Lampe mit stark gebündeltem Licht (Schreibtischleuchte, Diaprojektor), das man von hinten gegen den Stoff scheinen läßt. Ebenfalls hinter der Bühne, zwischen Lampe und Spielfläche, führen die Spieler die Figuren. Das sollten sie möglichst nah an der Stoffbespannung tun, damit die Figurumrisse klar hervortreten.

1. Von Seite 123 übertragen wir zuerst die Umrisse für die zwei Büsche auf die Pappe. Anschließend pausen wir noch die Teile für den Hasen und die zwei Igel von der gegenüberliegenden Seite ab. Bei den Tieren dürfen wir die Löcher für die Gelenke und die Führungsdrähte nicht vergessen.

2. Dann schneiden wir alle zehn Formen aus und bohren mit der Schere vorsichtig die Löcher an den dafür vorgesehenen Stellen in die Pappe.

3. Die Büsche dienen später als Kulisse für das Schattenspiel, sie werden nicht bewegt. Deshalb kleben wir jeweils auf eine Seite einen breiten Streifen doppelseitiges Klebeband. Wenn wir das Schutzpapier abziehen, können wir später die Büsche rechts und links an der Spielfläche aus Stoff anbringen.

4. Damit wir die Tiere beim Spiel ziemlich flach vor die Spielfläche halten können, befestigen wir am Bauch des Hasen und der beiden Igel je einen Schaschlikspieß. Wir kleben die Hölzchen in der Mitte der Tiere so an, daß sie etwa 4 cm in die Fläche hineinragen. Wenn das Pattex compact getrocknet ist, setzen wir zur Sicherheit noch einen Streifen durchsichtiges Klebeband quer darüber.

5. Nun werden die beweglichen Teile der Tiere mit einer Art Gelenk am Rumpf angebracht. Man verbindet jeweils zwei Teile, indem man die Musterbeutelklammern durch die dafür vorgesehenen großen Löcher steckt und die Enden dann herumbiegt. Sie sollen aber so locker sitzen, daß man die Teile (Igelschnauzen, Hasenkopf, Vorder- und Hinterbein) leicht bewegen kann.

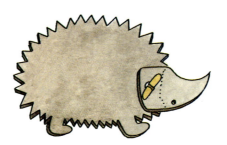

6. Damit man während des Spiels nicht mit den Händen direkt die Figuren anfassen muß (dann sieht man die Umrisse nicht mehr so gut), werden Führungsdrähte an den beweglichen Teilen angebracht. Der Draht wird mit der Zange in fünf Teile von etwa 25 cm zerschnitten. Man steckt die Stücke dann so durch die kleinen Löcher in den beweglichen Teilen, daß das Ende jeweils 2 cm durchschaut. Man biegt es dann zu einer Schlaufe herum und verdrillt es mit dem langen Drahtstück. (Hier können wir uns mit der Kombizange helfen.)

7. Am anderen Ende legen wir eine größere Schlaufe, durch die wir bequem einen Finger stecken können. Durch Verdrillen sichern wir auch hier das Drahtende.

8. Bevor wir nun an die Aufführung gehen, sollten wir das Märchenstück unbedingt etwas einüben. Denn die Handhabung der Figuren sollte bei der Aufführung so klar sein, daß der Spielfluß nicht immer unterbrochen werden muß. Und nun viel Spaß beim Proben!

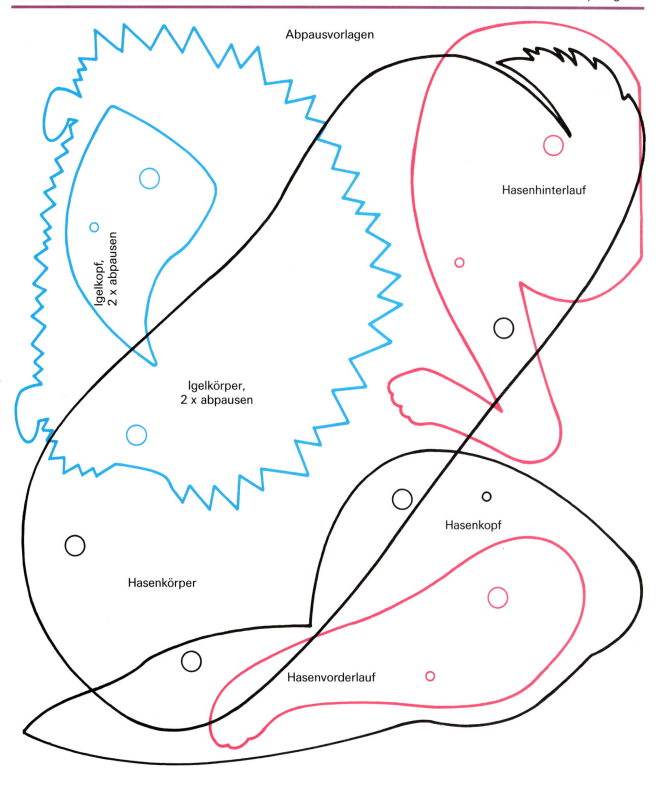

Abpausvorlagen

Hasenhinterlauf

Igelkopf,
2 x abpausen

Igelkörper,
2 x abpausen

Hasenkopf

Hasenkörper

Hasenvorderlauf

Tiermarionette aus Schachteln

Eine selbstgemachte Marionette ist sicher ein gern gesehener Gast auf jeder Geburtstagsfeier. Doch nicht nur einen Hund, sondern alle möglichen anderen Tiere und originellen Fabelwesen kann man auf diese Art aus ein paar Schachteln gestalten. Sie kommen als besonderes Geschenk sicherlich hervorragend an. Um das Prinzip solch einer Tischmarionette zu erklären, beschreiben wir den Aufbau des abgebildeten Hundes.

1. Beginnen wir mit dem Rumpf, der aus einer großen Schachtel, vielleicht aus einem Schuhkarton, besteht. Wir stellen die Schachtel mit der offenen Seite zur Tischplatte vor uns. Wir sorgen zuerst für den Stummelschwanz, der aus einem Korken gemacht wird. Zunächst markieren wir die Stelle, an der der Schwanz befestigt werden soll, und stechen dort mit der Nadel ein Loch durch den Karton.

2. Dann fädeln wir einen Faden in eine Nähnadel ein und knoten am Ende ein Streichholz fest an. Jetzt ziehen wir den Faden von innen durch den Karton und das vorgestochene Loch nach außen und ziehen ihn schräg durch eine Kante des Korkens. Wenn wir festgelegt haben, mit welchem Abstand der Faden am Korken festgemacht werden soll (der Schwanz muß so lose herabhängen, daß man mit ihm später gut „wedeln" kann), sichern wir den Faden mit einem dicken Knoten und schneiden das überflüssige Garn ab.

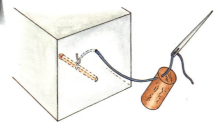

3. Der Hals besteht aus zwei Streichholzschachteln, die wir vorab mit den flachen Seiten aufeinanderkleben. Während der Klebstoff trocknet, markieren wir schon mal die Stelle, wo der Hals später angebracht werden soll. Mit der Nadel stechen wir dort ein Loch in den Karton.

4. An ein Ende eines etwa 30 cm langen Fadens binden wir ein Streichholz fest. Dann ziehen wir das Garn mit Hilfe einer Nadel durch das soeben vorgestochene Loch von innen durch den Karton nach außen und dann gleich durch die beiden Streichholzschachteln hindurch. Wir ziehen den Faden an und lassen ihn vorerst hängen, denn hier wird später der Kopf befestigt.

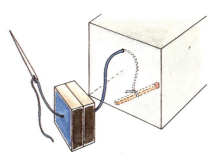

5. Der Kopf wird aus einer rundlichen Pralinenschachtel mit Boden- und Deckelteil hergestellt. Der Deckel wird das Hundegesicht. Als Schnauze kleben wir den Deckel einer Camembertschachtel an. Von einem Korken schneiden wir zwei runde Scheiben mit einem scharfen Messer ab und kleben sie als Augen auf.

6. Für die Ohren verwenden wir die runden Scheiben aus den Böden von zwei Camembertschachteln. (Man kann sie sich aber auch aus anderer Pappe zuschneiden.) Die Teile werden mit Nadel und Faden links und rechts am Rand der Pralinenschachtel befestigt; die Fadenenden verknoten wir gut. Die Ohren sollen so locker hängen, daß man sie später gut auf und ab bewegen kann.

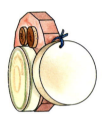

7. Schließlich müssen wir in den Rand des Schachteldeckels einen langen Faden einziehen, an dem der Kopf später aufgehängt wird. Dazu befestigen wir an einem etwa 1 m langen Faden ein kleines Stück Streichholz, ziehen dann den Faden von innen durch den Rand des Deckels (in der Mitte über den Augen) und lassen das lange Ende zunächst herabhängen.

8. Jetzt widmen wir uns dem Bodenteil der Pralinenschachtel, es wird der Hinterkopf des Hundes. Dort, wo der Hals sitzen soll, stechen wir ein Loch ein. Dann fädeln wir den Faden, der aus dem Hals herauskommt, in eine

Nadel ein und ziehen ihn von unten durch den Schachtelboden ins Innere. Hals und Kopf sollen so locker miteinander verbunden werden, daß der Hund später den Kopf in alle Richtungen drehen kann. Hat man sich schließlich über die Bewegungsfreiheit vergewissert, befestigt man das Fadenende im Innern der Schachtel mit Hilfe eines angeknoteten Streichholzes. Den Rest schneiden wir ab.

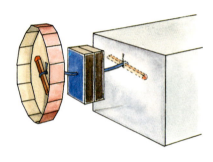

9. Nun setzt man die beiden Schachtelteile zunächst probeweise zusammen und klebt den Kopf schließlich mit Pritt Bastelkleber zusammen.

10. Bevor der Hund seine Beine erhält, werden noch fünf weitere, etwa 1 m lange Führungsfäden angebracht, mit denen wir den Hund später am Spielkreuz befestigen. Jeweils einen Faden zieht man durch den unteren Rand der Ohren; ein dicker Knoten verhindert, daß das Ende herausrutscht. Der Schwanz erhält ebenfalls eine Schnur; sie wird schräg durch die Kante des Korkens gezogen und mit einem Knoten gesichert.

11. Der Rumpf wird gleich an zwei Stellen aufgehängt. Man mißt auf der Oberseite der großen Schachtel vorne und hinten genau die Mitte aus und sticht dort zwei Löcher vor. Dann knotet man an zwei lange Fäden (1 m) jeweils ein Streichholz an und zieht mit Hilfe einer Nadel diese Schnüre von innen nach außen durch den großen Karton.

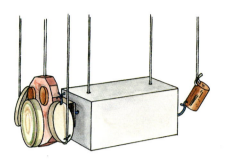

12. Schließlich hängen wir die Beine von unten in den Körper ein. Dazu benötigen wir die vier schmalen, langen Schachteln, die wir vorab an einer Seite öffnen.

13. Wir fädeln einen etwa 30 cm langen Faden in eine Nadel ein und stechen damit mitten durch das geschlossene Ende der Schachtel. Dann lassen wir Nadel und Faden durch die Schachtel fallen und holen sie am offenen Ende heraus. Wir ziehen die Nadel vom Faden ab und binden dann an diesem Ende ein Stück Streichholz an.

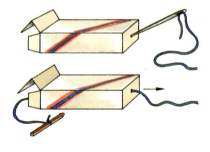

14. Wenn wir dann an dem anderen Fadenende ziehen, verschwindet das Streichholz in der Schachtel, die wir dann wieder ganz verschließen: Der Faden sitzt fest, das erste Hundebein ist zum Aufhängen vorbereitet. So verfahren wir auch mit den anderen drei Schachteln.

15. Um die Beine nun beweglich in den Hundekörper einzuhängen, stechen wir oben an den vier Ecken der großen Schachtel jeweils zwei Löcher ein. Sie sollen jeweils etwa 1,5 cm voneinander und von den Rändern entfernt sein. Dann ziehen wir an allen vier Ecken die Aufhängefäden der Hundebeine durch je eines der Löcher.

16. Bevor wir die Fäden endgültig befestigen, regulieren wir noch die Beinlänge. Die große Schachtel halten wir dazu hoch, oder wir stellen sie auf zwei Gegenstände. Ziehen wir die Beinschachteln nach unten, erhalten wir einen langbeinigen Hund, ziehen wir oben an den Fäden, wird er kurzbeinig.

17. Haben wir die Länge bei einem der Beine festgelegt, halten wir den Faden oben fest und markieren ihn mit einem Stift etwa 1,5 cm oberhalb des Loches. Dann ziehen wir das Fadenende durch das zweite Loch wieder ins Innere der Rumpfschachtel und binden dann dort, wo die Markierung ist, ein Streichholzstückchen an. Das Fadenende schneiden wir ab. So verfahren wir mit allen vier Beinen. (Ist die Schachtel für den Körper sehr klein, so daß man innen nicht gut hantieren kann, sichert man die Fäden statt dessen auf der Schachteloberseite. Wer kein Streichholz nehmen möchte, bindet einen Knopf an.

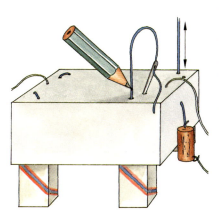

18. Der Hund selbst ist nun fertig zusammengebaut, wir müssen ihn jetzt nur noch mit Plaka-Farben bemalen. (Einfache Wasserfarben würden bei bunten Schachteln nicht so gut decken.)

19. Damit wir den Hund zum Leben erwecken können, stellen wir für ihn jetzt das Spielkreuz her. Es besteht aus zwei Rundhölzern oder Leisten. Bei dem Längsholz richtet man sich nach der Länge des gesamten Hundekörpers, beim Querholz nach der Breite des Kopfes. Etwa 3 cm von einem Ende des Längsholzes entfernt binden wir das Querholz an. Dazu wickeln wir einen stabilen Faden kreuzweise über die Verbindungsstelle und sichern zum Schluß alles mit Pritt Bastelkleber.

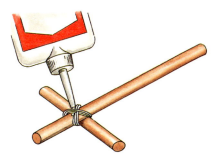

20. Für das Aufhängen des Hundes kann man jetzt gut eine zweite Person als Hilfe gebrauchen. Zuerst bindet man die zwei Hauptfäden, die das meiste Gewicht zu tragen haben, vom Rumpf des Hundes an das Längsholz an. Am hinteren Ende soll noch Platz bleiben, damit man später den Faden für den Schwanz befestigen kann. Wenn man das Spielkreuz waagerecht hält, muß der Hund auch waagerecht daran hängen. Die Fäden sollen dabei nicht schräg, sondern möglichst gerade nach oben zum Kreuz führen.

21. Dann bindet man den Kopffaden ganz vorn, direkt vor dem Querholz, an das lange Rundholz an. Wenn man das Spielkreuz waagerecht hängt, soll der Hund geradeaus schauen. Die Fäden für die Ohren werden so angebracht, daß sie im „Ruhezustand" nach unten hängen. Die Schnüre werden außen am Querholz festgebunden. An das hintere Ende des Längsholzes bindet man zum Schluß den Faden für den Schwanz des Tieres; er soll, wenn man das Spielkreuz waagerecht hält, locker nach unten hängen.

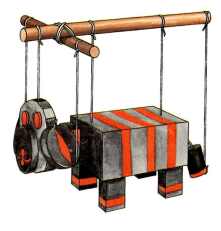

22. Wichtig ist, daß bei waagerecht gehaltenem Spielkreuz kein Faden durchhängt. Sollte eine Schnur mal nicht ausreichen, können wir oben ruhig ein Stück anknoten.

23. Zum Schluß sichern wir alle Stellen am Spielkreuz, an denen die Fäden befestigt sind, mit Pritt Bastelkleber, damit nicht aus Versehen mal ein Faden abrutschen kann.
Mit einer Hand hält man zum Spielen nun das Holzkreuz waagerecht oder bewegt es hin und her. Mit der anderen Hand kann man noch zusätzlich einzelne Fäden ziehen.

Fest- und Tischdekorationen

Feste und Feiern aller Art sollen sich vom normalen Alltag abheben – und da sollte man nicht versäumen, durch passende Dekoration den äußeren Rahmen mitzugestalten. Das beginnt bei hübsch aufgestellten Servietten und geht über originelle Tischkarten bis hin zu Girlanden, die das Buffet oder die Wände zieren und die Raumatmosphäre entscheidend mitbestimmen.

Die ganze Familie kann in diese Vorbereitungen mit einbezogen werden, denn jeder, der schon einmal mit viel Liebe und selbstgemachten Dingen ein Fest vorbereitet hat, weiß, wie gut man sich dabei auf das bevorstehende Ereignis einstimmt – und daß man es schließlich viel mehr genießt, als wenn man nur käuflich erworbene Dekorationsartikel verwendet.

Schaukelpferd als Tischkarte

- Pauspapier
- Bleistift
- 1 Stück Tonpapier (13 x 24 cm) in Braun oder Schwarz oder weißes Zeichenpapier
- Schere
- Pritt Bastelkleber
- Bunt- oder Filzstifte

Dieses Schaukelpferd ist ein originelles Tischkärtchen für einen Kindergeburtstag. Jeder Gast darf es am Ende der Feier natürlich mit nach Hause nehmen.

1. Wir pausen die Vorlage für das Pferd zweimal auf das Tonpapier ab. Nur bei einem der Pferde übertragen wir auch die gepunkteten Linien.

2. Dann schneiden wir das Pferd entlang der Umrißlinien aus. Die geschlossenen Flächen zwischen den Beinen müssen wir sehr sorgfältig wegschneiden. Am besten geht das, indem man zunächst mit der Scherenspitze mitten in die Fläche sticht und von dort aus auf den Rand zuschneidet. Würde man stattdessen direkt an der vorgezeichneten Linie einstechen, ergäbe sich hier später eine sehr unschöne Stelle.

3. Damit das Pferd später schaukeln kann, müssen wir die zwei Teile zusammenkleben. Dazu streichen wir in der oberen Hälfte des einen Tieres Pritt Bastelkleber auf. Die gestrichelten Linien zeigen, wo das Papier für die Mähne, den Schwanz und im unteren Bereich freibleiben muß. Dann legen wir die andere Hälfte sorgfältig darauf und streichen alles gut an.

4. Jetzt sorgen wir für die Mähne. Wir schneiden dort beide Papierschichten auf einmal fransig ein. Wer will, kann sich vorher ganz dünn mit Bleistift eine Hilfslinie ziehen, bis zu der die Einschnitte gehen sollen (siehe Vorlage). Zum Schluß fahren wir mit den Fingern über den Papierenden hin und her; weil das Papier doppelt liegt und nicht zusammenklebt, wird die Mähne schön struppig.

5. Als nächstes schneiden wir den Pferdeschwanz in langen, leicht geschwungenen Bögen ein. Auch er wirkt durch die doppelte Lage Tonpapier viel fülliger.

6. Mit Bunt- oder Filzstiften (das richtet sich nach der Farbe des Papiers) malen wir eine Pferdedecke an beide Seiten und schreiben den Namen des Gastes darauf.

7. Wenn wir jetzt die beiden Körperhälften von unten her auseinanderbiegen und das Pferd aufstellen, kann es hin und her schaukeln, sobald wir ihm einen sachten Schubs geben.

Abpausvorlage

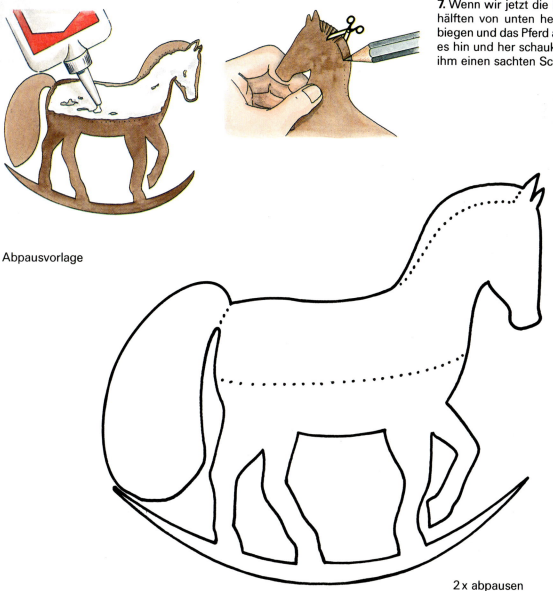

2 x abpausen

143

Ein stolzer Schwan

Diese Schwäne dienen, mit den Namen der Gäste versehen, nicht nur als praktische Tischkärtchen, sondern sind gleichzeitig eine dekorative Ergänzung eines liebevoll gedeckten Tisches.

- 1 Stück blaues Tonpapier (10 x 10 cm)
- 1 Stück weißes Schreib- oder Zeichenpapier (etwa 10 x 10 cm)
- Pauspapier
- Bleistift
- Papiermesser oder kleines Küchenmesser
- Schere
- Filzstifte
- Pritt Bastelkleber

1. Wir falten das blaue Tonpapier genau in der Mitte zu einem Rechteck zusammen und erhalten so das eigentliche Tischkärtchen, das gleichzeitig den See andeuten soll, auf dem der Schwan schwimmt.

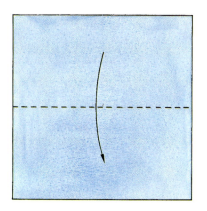

3. Jetzt pausen wir den Schwan von der Vorlage auf das weiße Papier ab, auch die gestrichelten Linien. Entlang dieser Linien ritzen wir dann die Papieroberfläche mit dem Messer ganz leicht an, an diesen Stellen läßt es sich später besser knicken. Dann schneiden wir die Schwanenform aus und radieren ganz vorsichtig die Pauspapierlinien weg.

5. Damit er eine leicht plastische Form erhält, wird er nun entlang der vorbereiteten Linien geknickt: Die Falzlinie in der Mitte des Flügels muß nach hinten geknickt werden, an allen anderen Falzlinien soll der Knick nach vorne springen. Wir klappen also dort das Papier nach hinten.

2. An der Faltkante zeichnen wir eine gleichmäßige, ganz leicht geschwungene Wellenlinie mit drei Wellenbergen ein. Wichtig ist, daß sie genau an der Faltkante liegen und dort etwa 1 cm entlanglaufen, damit dort später die Kante zusammenhält. Auf der Zeichnung sind diese Stellen gestrichelt dargestellt. Dann schneiden wir die vier überflüssigen Teile oben ab.

4. Wir drehen den Schwan herum und malen ihm mit dem Filzstift ein Auge auf.

6. Zum Schluß bestreichen wir den unteren Rand des Schwans von der Rückseite her mit Pritt Bastelkleber und setzen ihn dann so oben an die Tischkarte, als ob er gerade aus dem „Wasser" herausschwimmen wollte. Schließlich schreiben wir noch den Namen des Gastes auf die Karte.

Abpausvorlage

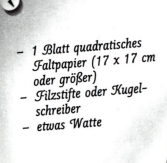

- 1 Blatt quadratisches Faltpapier (17 x 17 cm oder größer)
- Filzstifte oder Kugelschreiber
- etwas Watte

Dampferflotte

Eine hübsche Tischdekoration kann so eine bunte Dampferflotte sein. Wenn wir auf den Schornstein oder den Schiffsrumpf die Namen der eingeladenen Gäste schreiben, haben wir gleichzeitig originelle Tischkarten. Als Erinnerung an dieses Fest oder die Geburtstagsfeier darf natürlich jeder seinen Dampfer mit nach Hause nehmen.

1. Wir falten das quadratische Blatt zu einem Rechteck, so daß Seite auf Seite liegt. Dann öffnen wir es wieder und falten es in der anderen Richtung genauso. Wenn wir das Papier wieder aufklappen, haben wir zwei Faltlinien vor uns, die sich in der Mitte überschneiden.

2. An diesen Mittelpunkt legen wir nun nacheinander die vier Ecken und streichen die Faltkanten gut nach.

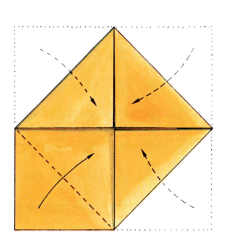

3. Wir wenden das Papier, so daß alle Faltungen nach unten zur Arbeitsplatte zeigen, und klappen dann auch auf dieser Seite alle vier Ecken zum Mittelpunkt.

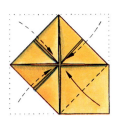

4. Danach wenden wir das Blatt erneut und falten nun zum dritten Mal alle vier Ecken zur Mitte.

5. Schließlich wenden wir die Faltarbeit ein letztes Mal. Wir haben nun vier kleine Quadrate in einem großen Quadrat vor uns. Eines davon klappen wir nach oben, indem wir zunächst die Spitze vom Mittelpunkt her senkrecht hochstellen, so daß sich das kleine Quadrat öffnet. Dann klappen wir es weiter herunter bis zur äußeren Spitze: wir erhalten ein Rechteck. Die Ränder streichen wir gut nach.

6. Dasselbe machen wir mit dem gegenüberliegenden Quadrat. Unsere Faltarbeit sieht dann so aus wie auf der Zeichnung. Die beiden Rechtecke werden später die Schornsteine, die beiden anderen Quadrate zum Bug und Heck des Dampfers.

7. Dazu greifen wir mit beiden Zeigefingern gleichzeitig unter die Spitzen am Mittelpunkt. Dann ziehen wir sie vorsichtig nach außen, während wir gleichzeitig mit den Daumen und Mittelfingern das Schiff seitlich zusammenschieben. Beide Schornsteine legen sich dadurch nebeneinander – das Schiff ist fertig.

8. Jetzt schreiben wir noch die Namen der Gäste auf die Dampfer. In die Öffnung der Schornsteine können wir noch etwas Watte schieben, so daß es aussieht, als ob sie qualmten. Wer will, kann die Dampfer noch auf blaue Servietten setzen oder sie in einem „Meer" aus welligen Luftschlangen über dem Tisch verteilen. Hier sind der Phantasie bei der Tischdekoration keine Grenzen gesetzt.

- 2 Papierservietten

Dekorative Servietten

Schön gefaltete Servietten sind das Tüpfelchen auf einem festlich gedeckten Tisch. Darum beschäftigen sich die nächsten Vorschläge mit dem Falten von Servietten.

Segelboot

1. Wir legen eine zweimal gefaltete Serviette so vor uns hin, daß die geschlossene Ecke nach oben zeigt. Dann falten wir die offene Ecke zur geschlossenen hoch, wir erhalten ein Dreieck.

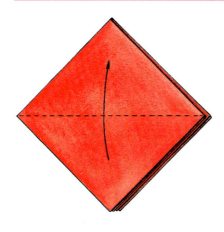

2. Nun klappen wir die rechte und linke Kante an der gedachten Mittellinie nach unten, die Ecken ragen dann natürlich über die untere Kante des Dreiecks hinaus.

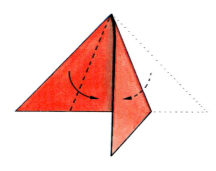

3. Diese beiden überstehenden Zipfel klappen wir dann nach hinten um.

4. Ebenso nach hinten legen wir anschließend die Serviette auf die Hälfte zusammen.

5. Mit der linken Hand drücken wir nun diese Form an der Schmalseite zusammen. Mit der rechten Hand zupfen wir schließlich vorsichtig der Reihe nach die vier Ecken nach oben, die jetzt noch oben auf der Faltkante liegen.

Schmetterling

1. Wir falten die ausgebreitete Serviette einmal diagonal Ecke auf Ecke zu einem Dreieck zusammen.

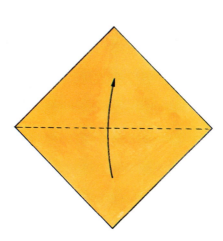

2. Von der geschlossenen Seite aus falten wir das Dreieck wie eine Ziehharmonika bis zur Spitze zu einem schmalen Streifen zusammen.

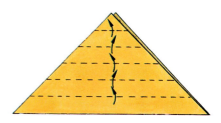

3. Dann drehen wir die Serviette so herum, daß alle Faltungen auf der Tischplatte liegen. Wir legen den Finger auf die Mitte und klappen dann die beiden Seiten des Streifens nach oben zusammen. Die Spitzen kann man oben noch zusammenzwirbeln. Manchmal muß man das Messer oder die Gabel unten in die Serviette schieben, damit sie gut steht.

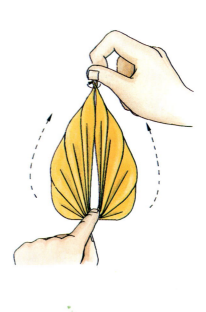

Serviettentaschen

Aus zwei Servietten kann man leicht eine dekorative Tasche herstellen, in die man das Besteck, ein Tischkärtchen oder, je nach Anlaß, einen dekorativen Zweig oder eine Blüte steckt.

Besonders hübsch sieht es aus, wenn man zwei verschiedenfarbige oder – als Variation – auch eine einfarbige mit einer gemusterten Serviette kombiniert.

1. Wir legen die zwei Servietten ausgebreitet genau aufeinander. Haben wir einseitig gemustertete Servietten, achten wir darauf, daß die bedruckten Flächen aufeinanderliegen.

2. Wir falten die Servietten einmal längs und einmal quer zusammen, so daß wir wieder ein Quadrat erhalten. Wir legen es mit der geschlossenen Ecke nach links unten vor uns auf den Tisch.

3. Nun zählen wir die drei obenauf liegenden Spitzen an der Ecke oben rechts ab und falten sie zur geschlossenen Ecke herunter. Wir streichen den Knick gut nach, klappen die drei Ecken wieder zurück und erhalten so eine diagonale Faltlinie.

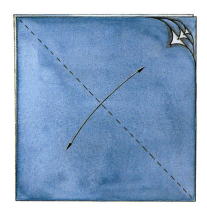

4. Um die erste Tasche zu bilden, klappen wir jetzt die gleichen drei Ecken mit ihren Spitzen genau bis an diese Diagonale heran.

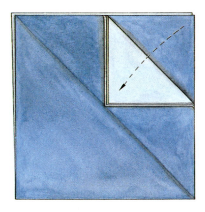

5. Die neu entstandene Faltkante legen wir ebenfalls an die Diagonale der Serviette; die drei Ecken sollen gerade eben darunter verschwinden.

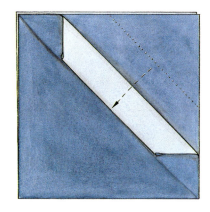

6. Schließlich klappen wir den gefalteten Streifen noch ein letztes Mal um, so daß er nun auf der anderen Seite der Diagonalen liegt.

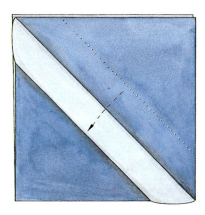

7. Nun zählen wir für die zweite Tasche die beiden nächsten Ecken von oben rechts ab, nehmen sie etwas hoch und falten sie dann nach hinten herum, so daß sich ein schräger Streifen ergibt, der so breit wie der zuvor gefaltete ist. Wir haben jetzt eine zweite Tasche.

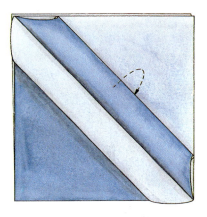

8. Wie die gestrichelten Linien auf der Zeichnung zeigen, klappen wir die Seitenteile nach hinten um und legen diese schmale Serviette dann zum Gedeck. Das Besteck oder eine Blüte schiebt man nun in eine oder in beide Taschen.

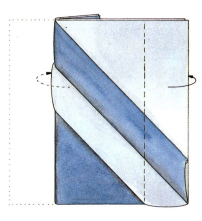

Doppelter Fächer

- 2 gleich große Servietten, deren Farben miteinander harmonieren

Auch bei diesem Tischschmuck verwenden wir verschiedene Servietten. Der Fächer ist doppellagig: Die eine Farbe wird von der anderen eingeschlossen und zeigt sich nur oben am Rand.

1. Wir legen die ausgebreiteten Servietten genau aufeinander, wobei die Farbe, die wir später außen haben wollen, oben liegen muß. Dann falten wir sie Seite auf Seite nach oben zu einem Rechteck zusammen.

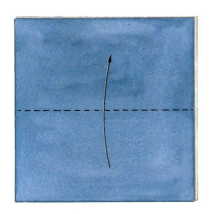

2. Anschließend klappen wir die zwei oben aufliegenden Servietten nach vorne herunter, bis ihre Kanten an der Faltlinie unten anstoßen.

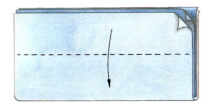

3. Wir wenden die Serviette und verfahren mit den restlichen zwei Lagen genauso.

4. Nun falten wir die Serviette, an einer Schmalseite beginnend, sorgfältig wie eine Ziehharmonika zusammen. Der Abstand zwischen den Knicken soll etwa 2 cm betragen. Liegt die Serviette nun in vielen Lagen übereinander, pressen wir dieses „Päckchen" noch einmal gut zuusammen, damit die Faltkanten später besser halten.

5. Die geschlossene Seite des Fächers, an der man nur eine Farbe sieht, halten wir unten zusammen. An der offenen Seite wird jetzt Schritt für Schritt die äußere Serviette etwas heruntergeklappt, damit die innere Farbe zum Vorschein kommt. Dazu greifen wir mit Daumen und Zeigefinger in jedes „Tal" hinein und ziehen die äußere Serviette nach vorne. Man klappt also den Knick am oberen Rand einfach im rechten Winkel von innen nach außen herunter.

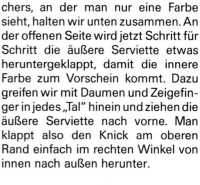

6. Haben wir das auf der einen Seite des Fächers getan, wenden wir ihn und machen das gleiche auch auf der anderen Seite. Die beiden Farben bilden nun eine schöne Schmuckkante am oberen Fächerrand.

Hexentreppen- girlanden

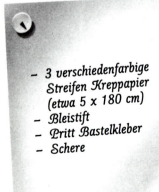

- 3 verschiedenfarbige Streifen Kreppapier (etwa 5 x 180 cm)
- Bleistift
- Pritt Bastelkleber
- Schere

Hexentreppen kann sicherlich schon jeder herstellen. Bei der hier vorgestellten Methode verwenden wir allerdings drei statt zwei Streifen (der Arbeitsvorgang ist deshalb etwas anders). Dadurch bekommen wir eine recht haltbare und elastische Hexentreppe, doch sollte man unbedingt Kreppapier verwenden. Schön sieht sie als Dekoration auf einem Buffet bei einer Party aus, wer sie länger arbeitet, kann sie als Zimmergirlande unter die Decke hängen. Und natürlich steht sie auch einem kleinen Geburtstagskind als Kränzchen gut.

1. Damit die Streifen haltbarer werden, falten wir sie zunächst der Länge nach auf die Hälfte zusammen.

2. An allen drei Streifen müssen wir nun zunächst jeweils ein Ende abschrägen. Dazu denken wir uns um eine der Ecken einen Viertelkreis und klappen dann genau ein Drittel dieser Fläche nach unten. Mit Pritt Bastelkleber sichern wir den so vorbereiteten Anfang der Streifen.

3. Danach legen wir zwei Streifen genau parallel nebeneinander, so daß sich oben eine stumpfe Spitze ergibt. Die drei Ecken sind mit A, B und C bezeichnet.

4. Den dritten Streifen legen wir nun so darüber, daß er schräg nach oben links wegsteht. Seine Längsseiten laufen dabei möglichst genau an den Punkten A und B vorbei, seine schmale Spitze zeigt auf Punkt C, die andere Spitze trifft genau zwischen die von unten kommenden Streifen (Punkt D). Mit Bleistift markieren wir die unteren Schrägen, dann legen wir den oberen Streifen vorübergehend beiseite; auf die beiden unteren geben wir Pritt Bastelkleber und drücken den dritten Streifen in der vorher gekennzeichneten Lage sehr gut an.

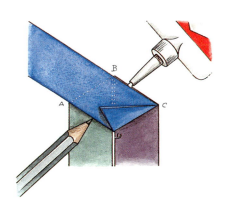

5. Der Anfang ist nun vorbereitet. Bei der üblichen Hexentreppe aus zwei Streifen ist die Grundfläche ein Quadrat, bei uns ist es ein Rhombus mit den Eckpunkten A, B, C und D. Er wird beim Flechten in vielen Lagen immer höher „aufgeschichtet". Wenn wir die vier Ecken immer genau im Auge behalten, ist das Flechten leichter, als es zunächst aussehen mag.

6. Wir beginnen beim Flechten immer mit dem Streifen, der genau unter dem schräg nach oben weglaufenden liegt, jetzt ist das der linke. Wir klappen ihn an der Kante AD schräg nach oben, so daß er zwischen den Punkten B und C durchläuft.

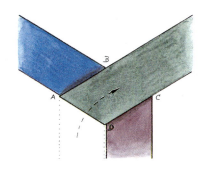

7. Weil das untere Streifenpaar nun nicht mehr vollständig ist, holen wir stattdessen den anderen schräg liegenden Streifen herunter. Er wird an der Linie AB nach unten geklappt und läuft genau zwischen den Punkten A und D hindurch.

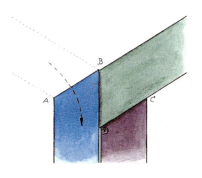

8. Diese letzten beiden Schritte werden nun wiederholt, allerdings beginnt man jetzt mit der anderen Seite. Diesmal müssen wir den rechten Streifen des Paares von unten nach oben hochfalten. Er läuft dann von den Punkten C und D nach oben durch A und B hindurch.

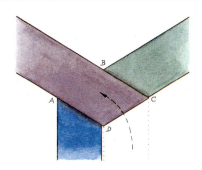

9. Sofort wird das herabhängende Paar wieder vervollständigt, denn jetzt kommt der andere Streifen herunter: An der Linie BC klappen wir ihn um, so daß er genau senkrecht an C und D vorbeiläuft.

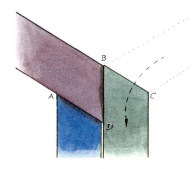

10. Diese vier Schritte (6-9) werden nun ständig wiederholt: Das untere Paar gibt einen Streifen nach oben ab und bekommt dafür als Ersatz den anderen von oben. Das geht immer abwechselnd von rechts nach links. Ist das Band schließlich lang genug, kleben wir nach der letzten Faltung die drei Streifen aufeinander. Schön sieht es auch aus, wenn man die noch freien Enden herabhängen läßt oder sie zusätzlich zu schmalen Fransen schneidet. Man kann auch noch weitere Bänder anfügen.

11. Für einen Kranz braucht man nur noch Anfang und Ende der Hexentreppe aneinanderzukleben.

Mobiles und Fensterbilder

Mobiles und Fensterbilder haben das ganze Jahr über Saison. Die sich bei jedem Luftzug sacht bewegenden Mobiles sehen nicht nur frei im Raum aufgehängt sehr hübsch aus, sondern gerade die kleineren kommen an einem Ast, an dem sie wie bewegliche Blüten wirken, sehr gut zur Geltung. Fensterbilder dagegen sind ein attraktiver Schmuck für jedes Fenster und erzählen eine eigene kleine Bildgeschichte.
Die in diesem Kapitel zusammengestellten Bastelvorschläge sind in ihrer Schwierigkeit so gestaffelt, daß sicher jeder, egal ob er viel oder weniger Erfahrung im Basteln hat, ein passendes Objekt finden kann.

Wolken mit Regenbogen

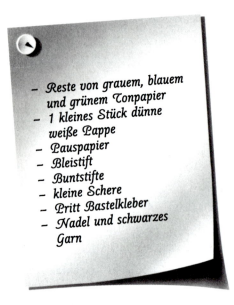

– Reste von grauem, blauem und grünem Tonpapier
– 1 kleines Stück dünne weiße Pappe
– Pauspapier
– Bleistift
– Buntstifte
– kleine Schere
– Pritt Bastelkleber
– Nadel und schwarzes Garn

Die bei diesem kleinen Mobile verwendeten Symbole – Regen, Regenbogen und die Taube mit dem Ölzweig – gehen auf die biblische Geschichte von Noah und der Arche zurück.

1. Zunächst pausen wir mit Hilfe des Pauspapiers die Vorlagen von dieser Seite auf unsere Tonpapierreste. Wir beginnen mit der Wolkenform, die wir zweimal auf dunkelgraues Tonpapier übertragen und ausschneiden.

2. Entlang der vorgezeichneten Linie schneiden wir nun unsere Wolken – die eine vom unteren, geraden Rand aus, die andere vom Wolkenberg her – jeweils bis zum Querstrich ein.

3. Nun schieben wir die so eingeschnittenen Wolken im rechten Winkel zueinander ineinander. Damit sie diese Stellung auch beibehalten, geben wir einen Tropfen Pritt Bastelkleber an die Schnittstelle.

4. Auf unsere weiße Pappe pausen wir nun die Form des Regenbogens, schneiden ihn aus und bemalen ihn von beiden Seiten mit den Buntstiften in der Reihenfolge gelb, grün, blau, violett, orange und nochmals gelb.

5. Nun pausen wir den Körper und die Flügel unserer Taube auf hellgraues Tonpapier und schneiden beides aus.

6. Wir schneiden entlang der vorgezeichneten Linie einen Schlitz in den Körper der Taube und schieben das Flügelpaar durch. Damit die Flügel nicht verrutschen können, fixieren wir sie mit einem kleinen Tropfen Pritt Bastelkleber.

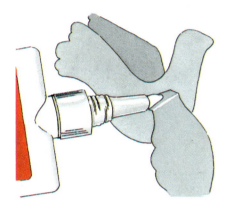

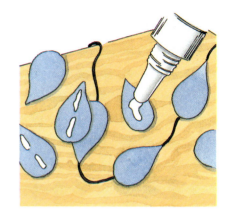

7. Auf grünes Tonpapier pausen wir die Form unseres Ölzweiges, schneiden ihn aus und anschließend von beiden Seiten her fein ein.

8. Wir machen einen Schnitt in den Schnabel der Taube, schieben den Zweig hinein und kleben ihn mit Pritt Bastelkleber fest.

9. Nun müssen wir die Einzelteile zu einem Mobile zusammenfügen. Dafür nehmen wir eine Nadel und schwarzen Faden. Wir ziehen zunächst einen Faden durch den Rücken der Taube und verknoten sein Ende dort. Jetzt stechen wir durch die Mitte des inneren Bogens des Regenbogens, messen ein etwa 7 cm langes Stück ab und machen einen zweiten Knoten.

10. Gegenüber von diesem Punkt stechen wir nun in den äußeren Bogen des Regenbogens und verknoten wieder das Fadenende. Nun hängt die Taube an dem Regenbogen, und wir können das Ganze im unteren Schnittpunkt der beiden Regenwolken befestigen.

11. Jetzt fehlen uns noch die Regentropfen. Dazu malen wir uns auf blaues Tonpapier 16 Regentropfen und schneiden sie aus. Nun legen wir ein Stück schwarzen Faden vor uns auf den Tisch, bestreichen ein paar Regentropfen auf einer Seite mit Pritt Bastelkleber und kleben sie auf den Faden. Mit Hilfe der Nadel ziehen wir anschließend den so geschmückten Faden etwa 1 cm vom Rand entfernt durch eine Wolke und knoten sein Ende dort fest.

12. Die restlichen Tropfen bringen wir auf die gleiche Art und Weise an drei weiteren Fäden an und befestigen sie an den anderen Enden der Wolke. Jeder Faden sollte dabei unterschiedlich lang und unterschiedlich mit Regentropfen bestückt sein.

13. Unsere Wolke mit Regenbogen braucht jetzt nur noch eine Aufhängung. Dafür ziehen wir am oberen Schnittpunkt der beiden Wolken mit Hilfe der Nadel einen Faden der gewünschten Länge durch. Daran können wir unser Mobile aufhängen.

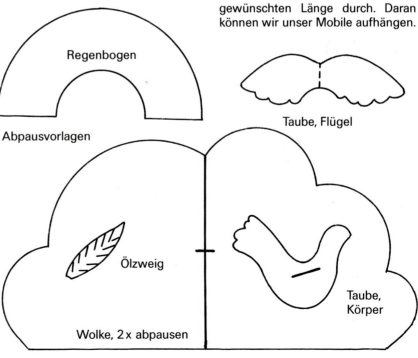

Regenbogen

Abpausvorlagen

Taube, Flügel

Ölzweig

Wolke, 2 x abpausen

Taube, Körper

Sommerlandschaft

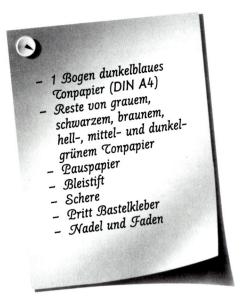

- 1 Bogen dunkelblaues Tonpapier (DIN A4)
- Reste von grauem, schwarzem, hell-, mittel- und dunkelgrünem Tonpapier
- Pauspapier
- Bleistift
- Schere
- Pritt Bastelkleber
- Nadel und Faden

Dieses kleine Mobile strahlt durch die sanft gewellten Hügel Ruhe und Sommerfreude aus. Nur die beiden Schwalben bringen Bewegung in das Bild und machen es zum „Mobile".

1. Die Abpausvorlagen für dieses Mobile finden wir auf Seite 224. Wir pausen zunächst den Ring zweimal auf unser blaues Tonpapier und schneiden beide Ringe aus. Um dem Rahmen die nötige Stabilität zu geben, kleben wir die beiden Ringe mit Pritt Bastelkleber aufeinander.

2. Als nächstes pausen wir die Hügel für unsere Landschaft auf unsere Tonpapierreste (die Farben stehen auf der Abpausvorlage) und schneiden alles aus.

3. Wir legen den Kreis vor uns auf den Tisch und ordnen auf seiner unteren Hälfte die drei mit 1 gekennzeichneten Hügel an. Die Teile überlappen sich und folgen mit ihren Rundungen genau der Rundung des Kreises. Gefällt uns die Anordnung, kleben wir die Hügel mit etwas Pritt Bastelkleber fest.

4. Wir wenden die Arbeit und ordnen die beiden restlichen Hügel auf der anderen Seite an und kleben sie ebenfalls fest.

5. Wir nehmen unser schwarzes Tonpapier und pausen darauf die Formen des Baumstamms und der Schwalben und schneiden alles sorgfältig aus (Abpausvorlage siehe nebenstehende Seite).

6. Nun nehmen wir einen Rest grünes Papier, pausen darauf zweimal die Baumkrone und schneiden sie aus.

7. Wir legen eine der Baumkronen vor uns auf den Tisch, kleben die Äste des Baumstamms auf ihren unteren Teil und kleben die zweite Baumkrone darüber. Danach schieben wir den Stamm des fertigen Baums zwischen zwei Hügel und kleben ihn dort fest.

8. Aus weiteren Resten von schwarzem und grünem Tonpapier schneiden wir zwei Büsche zurecht und kleben auf jeder Seite unseres Mobiles einen auf einen Hügel.

9. Als nächstes pausen wir die Wolke auf graues Tonpapier und schneiden sie aus.

10. Jetzt können wir unsere beiden Schwalben zusammensetzen. Dafür schneiden wir die Köpfe entlang der roten Linie vorsichtig ein und schieben sie im rechten Winkel auf den Rumpf. Das Ganze fixieren wir anschließend mit ganz wenig Klebstoff.

11. Wir ziehen mit Hilfe der Nadel je einen Faden durch die Rücken der Schwalben und befestigen sie in unterschiedlicher Höhe am rechten und linken unteren Wolkenrand.

12. Entlang der vorgezeichneten Linie schneiden wir einen Schlitz in unsere Wolke, schieben sie im rechten Winkel zum Bildrahmen auf den Tonpapierring und kleben sie mit etwas Pritt Bastelkleber fest.

13. Nun müssen wir nur noch einen Faden für die Aufhängung am oberen Bildrand befestigen, und unser Mobile ist fertig.

Abpausvorlagen

Baumkrone (mittelgrün),
2 x abpausen

Wolke (grau)

Busch (dunkelgrün),
2 x abpausen

Baumstamm (schwarz)

Schwalbe (schwarz)
2 x abpausen

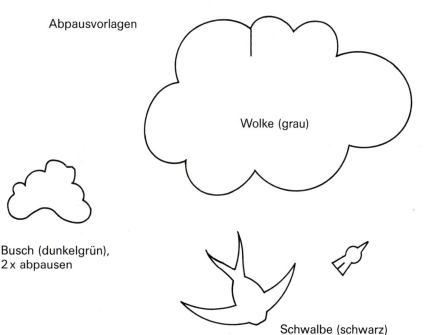

- 2 Bogen Tonpapier
  (DIN A4) in 2
  unterschiedlichen,
  miteinander harmonie-
  renden Farben
- Pauspapier
- Bleistift
- Lineal
- Papiermesser
- Schere
- Locher
- Pritt Bastelkleber
- 1 Stück Pappe oder alte
  Zeitungen als Unterlage
- Nadel und Faden

Tauben mit Muster

Diese Bastelei kommt besonders gut zur Geltung, wenn wir gleich mehrere Tauben in den unterschiedlichsten Farben herstellen und damit einen großen Strauß schmücken.

1. Auf Seite 220 finden wir die Abpausvorlage für den Körper und die Flügel unserer Taube. Mit Hilfe des Pauspapiers übertragen wir zunächst die Form des Körpers auf eines unserer Tonpapiere. Die Schnittlinie um den Körper, den Punkt für die Aufhängung und das Auge pausen wir dabei mit ab. Anschließend schneiden wir den Körperumriß mit der Schere aus.

2. Auf das andere Tonpapier pausen wir den Umriß der Flügel und schneiden ihn ebenfalls aus.

3. Nun nehmen wir den Körper und zeichnen an Hals und Schwanz kleine Muster ein. Der Phantasie sind dabei keine Grenzen gesetzt. Die Muster am Hals sollten allerdings nicht zu dicht angeordnet werden, da er sonst seine Stabilität verliert.

4. Wir legen den Körper auf die Unterlage und schneiden die Muster mit dem Papiermesser aus. Runde Formen wie zum Beispiel das Auge stanzen wir mit dem Locher heraus.

5. Zum Schluß legen wir das Lineal an die vorgezeichnete Linie und schneiden mit Hilfe des Papiermessers einen geraden Schlitz in den Körper der Taube.

6. Als nächstes zeichnen wir auf die Flügelspitzen ebenfalls ein Phantasiemuster, das wir in der eben beschriebenen Art ausschneiden.

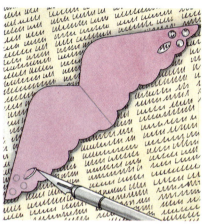

7. Dann falten wir die Flügel einmal zur Hälfte zusammen und schieben sie durch den Schlitz im Körper der Taube. Wenn wir die Flügel ein Stück weit hereingeschoben haben, bestreichen wir den Mittelknick dünn mit Pritt Bastelkleber, schieben das Flügelpaar bis zum Mittelknick durch und kleben es fest.

8. Nun fehlt unserer Taube nur noch eine Aufhängung. Wir nehmen die Nadel und ein langes Stück Faden und fädeln den Faden in die Nadel. Dann stechen wir mit der Nadel durch den markierten Punkt für die Aufhängung, ziehen den Faden zur Hälfte durch und verknoten die beiden Enden miteinander.

Lebensbaum mit Vögeln

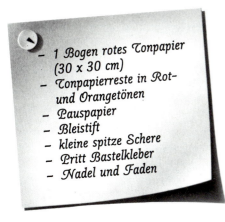

- 1 Bogen rotes Tonpapier (30 x 30 cm)
- Tonpapierreste in Rot- und Orangetönen
- Pauspapier
- Bleistift
- kleine spitze Schere
- Pritt Bastelkleber
- Nadel und Faden

Dieses Mobile ist ein schöner Raumschmuck für den Herbst, wenn sich draußen die Blätter rot und gelb färben und die letzten Zugvögel ihren Weg nach Süden antreten.

1. Wir pausen die Grundform für unser Mobile – das Herz mit dem Baum – mit Hilfe des Pauspapiers von dem Vorlagebogen auf unser rotes Tonpapier und schneiden sie sorgfältig aus.

2. Für die herbstlichen Blätter, die unseren Baum schmücken, zeichnen wir 6-8 kleine Blattformen auf unser Tonpapier und schneiden sie aus.

3. Wir schneiden von unserem Faden eine entsprechende Zahl von 1 2 cm langen Stücken als Aufhängung für die Blätter ab. An das Ende eines solchen Fadens kleben wir mit etwas Pritt Bastelkleber ein Blatt, ein anderes befestigen wir irgendwo im Geäst unseres Baums. Auf diese Weise hängen wir alle Blätter auf.

4. Nun fehlen uns noch die abflugbereiten Zugvögel, von denen wir drei in unserem Baum rasten lassen. Wir pausen den nebenstehenden Vogelkörper auf drei verschiedenfarbige Tonpapierreste und schneiden die Körper aus.

5. Entlang der roten Linie schneiden wir einen kleinen Schlitz in den Körper des Vogels.

6. Die Flügel entstehen aus 3 cm breiten und 8 cm langen Tonpapierstükken. Die Farbe des jeweiligen Flügelpaares sollte mit der Farbe des Vogelkörpers harmonieren.

7. Um den Fächer für die Flügel zu bekommen, falten wir unser Tonpapier wie eine Ziehharmonika zusammen. Wir beginnen an der Schmalseite und knicken das Papier etwa 0,5 cm breit um. Nun wird das Papier gewendet und ein gleichbreiter Streifen in die andere Richtung umgelegt, dann wird die Arbeit wieder gewendet und der nächste Streifen gefaltet und so fort, bis der gesamte Streifen verbraucht ist.

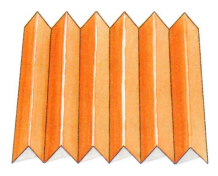

8. Der fertige Fächer wird bis zur Mitte durch den Schlitz im Leib des Vogels geschoben und die aneinanderstoßenden Fächerenden an beiden Seiten zusammengeklebt. Für die Aufhängung kleben wir dann noch ein Stück Faden mit Pritt Bastelkleber in den Fächer.

9. Die fertigen Vögel werden an den Fäden so in die Äste geklebt, daß sie sich ungehindert drehen können.

10. Zum Schluß ziehen wir mit der Nadel einen langen Faden durch die obere Mitte des Herzrandes und knoten ihn dort fest. An diesem Faden können wir unser Mobile aufhängen.

Abpausvorlage

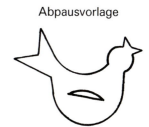

Löwenzahnmobile

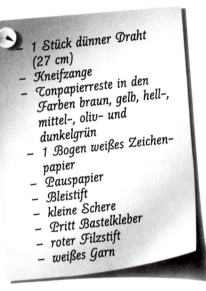

- 1 Stück dünner Draht (27 cm)
- Kneifzange
- Tonpapierreste in den Farben braun, gelb, hell-, mittel-, oliv- und dunkelgrün
- 1 Bogen weißes Zeichenpapier
- Pauspapier
- Bleistift
- kleine Schere
- Pritt Bastelkleber
- roter Filzstift
- weißes Garn

Der Reiz dieses ungewöhnlichen Mobiles liegt in den vielen, freifliegenden Samenschirmchen des Löwenzahns.

1. Wir biegen den Draht zu einem leichten Bogen und knicken beide Enden mit Hilfe der Kneifzange um – die Aufhängung für unser Mobile ist fertig.

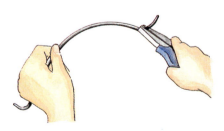

2. Wir schlagen die Seite 169 mit den Abpausvorlagen auf. Als erstes pausen wir die bogenförmige Erde zweimal auf braunes Tonpapier, schneiden sie aus und kleben die beiden Teile mit Pritt Bastelkleber aufeinander. So erhalten wir einen stabilen Boden.

3. Jetzt werden die Blätter, Stengel, Knospen und Blattmanschetten auf die grünen Tonpapierreste gepaust. Die Farbvorschläge finden wir auf der Abpausvorlage, aber im Grunde ist es jedem selbst überlassen, welche Grüntöne er für die einzelnen Elemente aussucht.

4. Wir schneiden alle Teile aus und haben dann folgende Dinge vor uns liegen: 3 Stengel, 8 Blätter, 4 kleine und 2 große Blattmanschetten und 2 Knospen.

5. Nun nehmen wir das gelbe Tonpapier und pausen die geöffnete und die geschlossene Blüte je zweimal durch und schneiden alles aus.

6. Jetzt fehlen uns noch die Samenschirmchen und der Fruchtstand der reifen Pusteblume: sie werden alle auf unser weißes Zeichenpapier durchgepaust. Die Schirmchen brauchen wir insgesamt 25mal, den Fruchtstand zweimal. Wenn wir auch diese Teile alle zugeschnitten haben, können wir mit dem Zusammensetzen des Mobiles beginnen.

7. Als erstes kleben wir die drei Stengel, wie die Zeichnung zeigt, mit Pritt Bastelkleber in der Mitte des Erdbogens fest.

8. Jetzt nehmen wir vier von unseren Blättern, arrangieren sie rund um die Stengel und kleben sie fest.

9. Wir drehen die Arbeit um und kleben die restlichen Blätter auf der anderen Seite des Erdbogens fest.

10. Jetzt nehmen wir die geöffneten Blüten und schneiden sie von der halbrunden Seite her fransig ein. Die erste Blütenhälfte kleben wir an den mittleren Stengel, in ihre Mitte kleben wir einen langen Faden für die Aufhängung. Anschließend nehmen wir die zweite Blütenhälfte und kleben sie genau über die erste, so daß der Faden jetzt in der Mitte der fertigen Blüte ist.

13. Da diese Blüte noch fast geschlossen ist, kleben wir anschließend die beiden Knospenhüllen von beiden Seiten dagegen, so daß nur noch der obere Teil der Blütenblätter zu sehen ist. Wie bei Schritt 11 beschrieben, kleben wir zum Schluß von beiden Seiten eine kleine Blattmanschette an den Knospenansatz.

16. Drei dieser Schirmchen kleben wir auf den Fruchtstand der Pusteblume, zwei auf der einen und einen auf der anderen Seite.

17. Nun befestigen wir das fertige Mittelstück unseres Mobiles mit Hilfe des etwa 25 cm langen Fadens, den wir in der Blüte angebracht haben, in der Mitte unseres Drahtbügels und verzieren die Aufhängung, indem wir ein paar von unseren Schirmchen aufkleben.

11. Auf jeder Seite des Stengels wird zum Schluß noch eine große Blattmanschette am Ansatz der Blüte aufgeklebt.

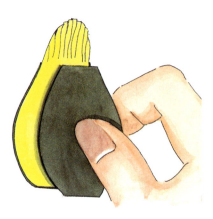

12. Nun nehmen wir die beiden Knospen, schneiden sie ebenfalls fransig ein und kleben sie auf einen der äußeren Stengel.

14. Jetzt bleibt nur noch die reife Pusteblume. Als erstes kleben wir den weißen Fruchtstand von beiden Seiten gegen den Stengel und verdecken die Ansatzstelle mit den beiden restlichen Blattmanschetten.

15. Wir schneiden alle Pusteblumensamen an ihren Schirmchen fransig ein und setzen auf beide Seiten des Stiels mit Filzstift einen roten Punkt – das sind die Samen.

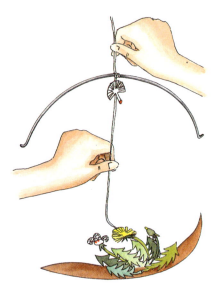

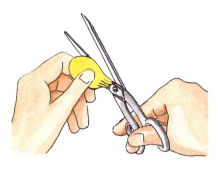

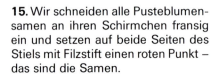

18. Wir legen vier weitere verschieden lange Fäden zurecht und bekleben sie mit unseren restlichen Schirmchen. Zwei dieser so verzierten Fäden knoten wir dann an den beiden Drahtenden fest, die anderen beiden werden rechts und links des mittleren Fadens angebracht.

19. Für die Aufhängung knoten wir einen weiteren Faden in der Mitte des Drahtbügels fest und hängen das fertige Mobile daran auf.

Abpausvorlagen

Schirmchen
25 x abpausen

je 2 x
abpausen

Blüte,
2 x abpausen

Fruchtstand,
2 x abpausen

große Blattmanschette,
2 x abpausen

Knospenhülle

Knospe

kleine Blatt-
manschette

2 x abpausen

kleine Blatt-
manschette
2 x abpausen

2 x abpausen

2 x abpausen

2 x ab-
pausen

Stengel

Stengel

Stengel

Erde, 2 x abpausen

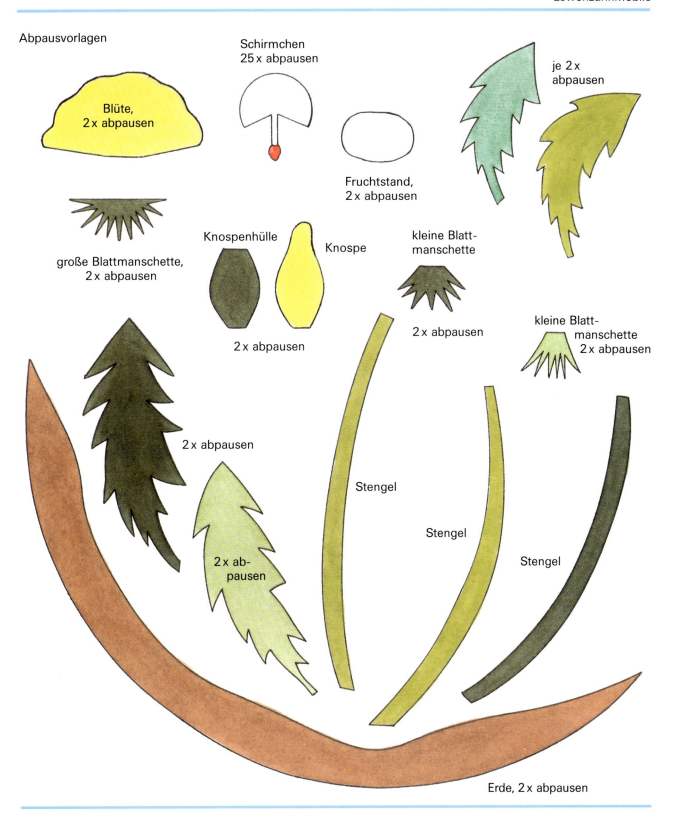

Fliegende Kraniche

- Faltpapier in verschiedenen Farben (2mal 15 x 15 cm, 2mal 13 x 13 cm, 6mal 12 x 12 cm)
- 1 Ast Korkenzieherhasel
- Schere
- Nadel und dickeres Garn

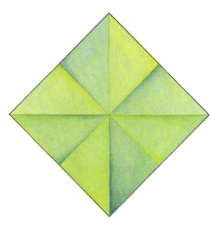

4. Wir legen die Faltung so vor uns auf den Tisch, daß die offene Spitze auf uns zu zeigt. Nun klappen wir nacheinander den rechten und den linken der oben liegenden Flügel parallel zur Mittellinie hoch, wie die Zeichnung zeigt. Dann streichen wir die Faltung gut glatt.

Für dieses sehr wirkungsvolle Mobile haben wir zehn Kraniche gefaltet und sie so an interessant geformten Korkenzieherhaselästen befestigt, daß das ganze Gebilde im Gleichgewicht hängt. Schon durch einen schwachen Luftzug kommen die Kraniche in Bewegung und schwingen wie im Flug auf und ab. Wem die Konstruktion eines solchen Mobiles, das nicht ganz einfach ins Gleichgewicht zu bringen ist, zu mühsam ist, kann die dekorativen Vögel auch an einem schön geformten Ast, der von der Decke hängt, anbringen.

1. Wir falten eines unserer quadratischen Faltpapiere zweimal Seite auf Seite. Nach jedem Faltgang öffnen wir die Faltung wieder.

2. Wir drehen das Blatt um und falten es zweimal Ecke auf Ecke, wobei wir es wieder nach jedem Faltgang zum Quadrat öffnen. Unser Papier hat nun die Knicke, die auf der Zeichnung zu sehen sind.

3. Wir wenden das Papier und tippen mit dem Finger auf den Mittelpunkt M. Die sich dabei ganz von selbst hebenden Ecken a und b fassen wir an und legen sie auf Punkt c. Die neue Form unserer Faltung ergibt sich dabei ganz von selbst.

5. Als nächstes falten wir nun die obere Ecke so weit wie möglich über die letzte Faltung.

6. Wir öffnen die drei letzten Faltungen wieder und nehmen die untere Spitze zwischen Daumen und Zeigefinger, wie die Zeichnung zeigt.

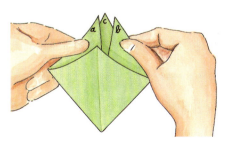

12. Wir drehen die Arbeit um und klappen wieder den linken Flügel nach rechts.

7. Nun ziehen wir diese Spitze vorsichtig so weit wie möglich nach oben. Dabei legen sich die beiden Seitenteile nach innen auf die Mittellinie.

10. Wir öffnen alle drei Faltungen wieder, fassen die untere Spitze und ziehen sie so weit wie möglich nach oben, so daß sich die Seitenteile auf die Mittellinie legen.

13. Nun nehmen wir die Spitze d, falten sie nach oben um und streichen die Faltung gut glatt.

11. Nun klappen wir den oberen linken Flügel nach rechts, wie auf der Zeichnung zu sehen.

14. Wir wenden die Arbeit, falten auch die zweite Spitze nach oben und streichen alles glatt.

8. Wir drehen die Arbeit um und klappen wieder den rechten und den linken Flügel parallel zur Mittellinie nach oben.

9. Jetzt falten wir die obere Ecke so weit wie möglich nach unten über die letzte Faltung.

15. Unsere Faltarbeit hat nun vier Spitzen. Wir fassen die beiden innen liegenden mit Daumen und Zeigefinger und ziehen sie etwas auseinander. Diese neue Form streichen wir wieder glatt.

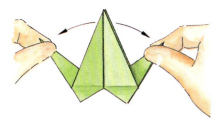

16. Eine der eben herausgezogenen Spitzen knicken wir, wie auf der Zeichnung zu sehen, um.

17. An dem so entstandenen Knick falten wir die Spitze nach innen und haben so den Kopf des Kranichs bekommen.

18. Zum Schluß klappen wir noch die Flügel auseinander. Wenn wir sie dann noch von der Spitze her über einen Bleistift rollen, bekommen sie eine schöne geschwungene Form.

19. Auf die gleiche Art und Weise falten wir auch unsere neun restlichen Faltpapiere zu Kranichen.

20. Wir nehmen nun Nadel und Faden und ziehen als Aufhängung jeweils einen langen Faden durch die Rückenhöcker der Kraniche und knoten ihn dort fest. Die endgültige Länge der Aufhängung ergibt sich dann erst beim Zusammenstellen des Mobiles.

21. Das nun folgende Zusammenstellen des Mobiles ist ein wenig ein Geduldspiel und kann auch nicht im einzelnen erklärt werden, denn jedes Ästchen eines Korkenzieherhaselbaums ist verschieden geformt. Als Anhaltspunkt für einen möglichen Aufbau können wir das Foto nehmen. Am einfachsten läßt sich ein solches Mobile von unten nach oben aufbauen. Durch Verkürzen oder Verlängern der Aufhängung und Verschieben der Fäden auf den Ästen können wir das Gleichgewicht des Mobiles beeinflussen.

- 1 Stück schwarzer Fotokarton (20 x 20 cm)
- Tonpapier in Grau und 2 Lilatönen
- 1 kleiner Rest weißer Karton
- Silbersternchen (Bastelgeschäft)
- 1 kleiner Rest Gardinenstoff
- etwas Watte
- Pauspapier
- Bleistift
- Schere
- Pritt Bastelkleber
- Nadel und schwarzes Garn

Sterntaler

Dieses Fensterbild zeigt eine Szene aus dem bekannten Märchen „Sterntaler" und ist ein die Phantasie anregender Schmuck für jedes Kinderzimmer.

1. Die Abpausvorlagen für das Sterntalerbild finden wir auf Seite 222. Wir pausen zunächst den Ring und den Baumstamm auf unseren schwarzen Fotokarton und schneiden beides aus. Dabei brauchen wir einen sehr hellen Arbeitsplatz, da die Pauslinien auf dem dunklen Karton nur schwer zu erkennen sind.

2. Als nächstes pausen wir die sechs Hügelformen auf unser Tonpapier. Als Anhaltspunkt für die Farben nehmen wir die Buchstaben der Hügel – gleiche Buchstaben bedeuten gleiche Farben.

3. Nun pausen wir noch die Baumkrone zweimal auf lila Tonpapier und schneiden alles aus.

4. Die Figur des Mädchens pausen wir auf unser weißes Kartonstück und schneiden sie anschließend ebenfalls sorgfältig aus.

5. Wir legen unseren Ring aus Fotokarton vor uns auf den Tisch und beginnen mit dem Zusammenstellen des Bildes. Als erstes kleben wir die Hügel mit etwas Pritt Bastelkleber auf den unteren Rand des Ringes – drei auf jeder Seite. Dazu suchen wir uns die drei in der Abpausvorlage mit 1 gekennzeichneten Hügel zusammen und kleben sie in der Reihenfolge der Buchstaben auf. Die Teile überlagern sich und folgen mit ihren Rundungen genau der Form des Kreises.

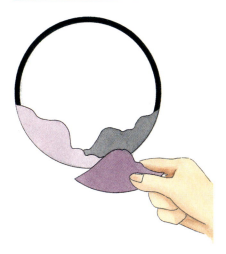

6. Nun drehen wir die Arbeit um und kleben die drei mit 2 gekennzeichneten Hügel nach demselben Prinzip auf die andere Seite.

7. Wir nehmen nun die beiden Baumkronen, legen sie genau aufeinander und kleben ihre oberen Hälften mit etwas Pritt Bastelkleber zusammen. Dann schieben wir den Stamm ein Stück weit zwischen die beiden Kronen und kleben Äste und Baumkronen zusammen.

8. Den nun belaubten Baumstamm schieben wir so zwischen zwei Hügel, daß ein Stück der Krone auf dem Fotokartonring liegt, und kleben den Baum zwischen den Hügeln und am Rand fest.

9. Wir nehmen die Figur des Mädchens und unseren Gardinenrest. Für das Kleid schneiden wir zwei Stücke, die etwa so groß sind wie die Figur, aus dem Stoff und kleben sie mit Pritt Bastelkleber vorne und hinten auf die Figur. Am Hals raffen wir den Stoff dabei etwas zusammen.

10. Zum Schluß zupfen wir noch etwas Watte in die Form von Haaren und kleben sie auf den Kopf des Sterntalermädchens. Nun können wir die Figur mit ihren „Füßen" zwischen zwei Hügel schieben und dort festkleben.

11. Nun fehlt noch der Sterntalerregen. Dafür schneiden wir von unserem Garn vier unterschiedlich lange Fäden zurecht, bestreichen sie nacheinander mit Pritt Bastelkleber und ziehen sie durch ein Häufchen Silbersterne. Die Sterne bleiben dabei dicht an dicht am Faden kleben.

12. Wenn der Klebstoff getrocknet ist, befestigen wir die sterngeschmückten Fäden mit einem Tropfen Klebstoff über dem Mädchen am oberen Kreisrand. Die Ansatzstellen verdecken wir mit Sternchen und kleben rundherum noch weitere Sterne als Verzierung auf.

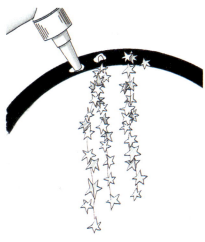

13. Zum Schluß kleben wir noch einige Sterne im Schoß des Mädchens fest und ziehen einen langen Faden als Aufhängung durch den oberen Kreisrand.

Angler im Gegenlicht

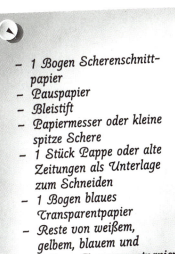

- 1 Bogen Scherenschnitt-
  papier
- Pauspapier
- Bleistift
- Papiermesser oder kleine
  spitze Schere
- 1 Stück Pappe oder alte
  Zeitungen als Unterlage
  zum Schneiden
- 1 Bogen blaues
  Transparentpapier
- Reste von weißem,
  gelbem, blauem und
  grünem Transparentpapier
- Pritt Bastelkleber
- Nadel und schwarzes
  Garn

Zum Basteln dieses stimmungsvollen Fensterbildes brauchen wir fast so viel Geduld wie der kleine Angler, der als Schattenriß auf unserem Bild zu sehen ist.

1. Wir nehmen Pauspapier und Bleistift und legen unser Scherenschnittpapier mit der hellen Seite nach oben unter die Abpausvorlage auf Seite 179. Sorgfältig fahren wir alle Linien mit dem Bleistift nach.

2. Der Umriß unseres Fensterbildes ist jetzt auf der hellen Rückseite des Papiers deutlich zu erkennen, wir können mit dem Ausschneiden beginnen. Für diese Arbeit brauchen wir – neben etwas Geduld – eine kleine spitze Schere oder ein Papiermesser. Wenn wir mit dem Papiermesser arbeiten, müssen wir die Arbeit auf

eine nicht zu weiche Unterlage legen, damit der Tisch nicht zerschnitten wird. Am besten ist es, erst alle Innenteile und erst zum Schluß den äußeren Umriß des Kreises sauber auszuschneiden.

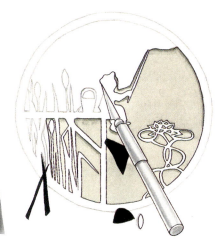

3. Den fertig ausgeschnittenen Scherenschnitt bestreichen wir auf seiner hellen Seite mit Pritt Bastelkleber und kleben ihn auf unser blaues Transparentpapier. Die überstehenden Ränder schneiden wir ab.

4. Um den Wasserspiegel zu bekommen, legen wir den Rest des blauen Papiers auf die Vorlage, fahren die Umrisse mit Bleistift nach und schneiden den Halbkreis aus. Wir bestreichen den unteren Bildrand der Rückseite mit Pritt Bastelkleber und kleben unseren Teich auf. Wenn wir die Arbeit jetzt umdrehen, ist der untere Teil des Bildes deutlich dunkelblau – unser Wasser.

5. Auf Reste von blauem, grünem und gelbem Transparentpapier zeichnen wir uns jetzt Wellen, schneiden sie aus und kleben sie mit wenig Klebstoff in den Teich. Die Anordnung bleibt dabei jedem selbst überlassen. Wichtig ist nur, daß keine Welle über den Wasserspiegel hinausragt. Durch die Überlappung der Papiere und die verschiedenen Farben entstehen jetzt viele neue, zusätzliche Farbabstufungen.

6. Damit die Blüte und die Blätter der Seerose auch gut zu erkennen sind, schneiden wir jetzt an diesen Stellen das Transparentpapier wieder weg. Dafür halten wir unser Bild gegen das Licht und zeichnen auf der beklebten Rückseite die Umrisse von Blüte und Blättern mit Bleistift nach. Entlang dieser Linien schneiden wir nun alle Schichten des Transparentpapiers weg.

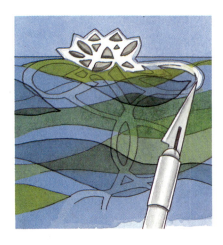

7. Nun wird die Blüte mit weißem und gelbem Transparentpapier sorgfältig hinterklebt. (Wer kein weißes oder gelbes Papier hat, kann auch Rosa oder Hellrot nehmen.)

8. Genauso verfahren wir mit den beiden Blättern der Seerose, die grün hinterklebt werden.

9. Auf Reste von unserem Scherenschnittpapier pausen wir nun die Fische und kleben sie – mit der schwarzen Seite zur Bildvorderseite zeigend – von hinten in den Teich. Wie im richtigen Wasser sind sie so von vorne nur schemenhaft und verschwommen zu sehen.

10. Auf weitere Reste des Scherenschnittpapiers pausen wir die Angel, die Büchse und die Libelle und schneiden alles aus.

11. Nun drehen wir die Arbeit um, denn die restlichen Gegenstände werden – mit der schwarzen Seite nach oben – auf die Vorderseite des Bildes geklebt. Wir bestreichen dafür ihre Rückseiten mit Pritt Bastelkleber und kleben Angel, Büchse und Libelle an die vorgesehenen Stellen.

12. Jetzt fehlen nur noch die Angelschnur und die Aufhängung für unser Fensterbild. Für die Schnur bestreichen wir ein kleines Stück schwarzen Faden mit Pritt Bastelkleber und kleben die Schnur in einem schönen Schwung zwischen Büchse und Angelstock fest. Zum Schluß ziehen wir für die Aufhängung einen weiteren Faden mit Hilfe der Nadel durch den oberen Rand des Bildes und hängen unseren Angler ans Fenster.

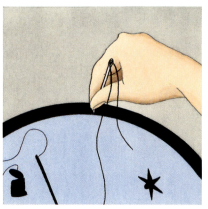

Abpausvorlagen

Laterne, Laterne...

Das Laternenlaufen an dunklen Herbstabenden ist ein schöner, alter Brauch, der auch heutige Kinder noch immer erfreut und begeistert. Und besonders stolz sind die Teilnehmer natürlich, wenn sie mit einer selbstgemachten Laterne am abendlichen Umzug teilnehmen können.
Es ist gar nicht so schwer, einen Lampion oder eine Laterne mit ganz einfachen Mitteln selbst herzustellen, wie die Bastelvorschläge in diesem Kapitel beweisen. Und neben dem Laternenlaufen gibt es noch viele andere Einsatzmöglichkeiten für unsere Bastelarbeit. Laternen und Lampions können zum Beispiel als bunte Lichterkette ein Sommerfest erhellen oder als Tischleuchte bei einer späten Kaffeerunde oder einem besonderen Abendessen ihr stimmungsvolles Licht verbreiten.

Laternengrundform

- 1 Käseschachtel mit einem Durchmesser von 16 cm
- Bleistift
- Lineal
- Schere
- Pritt Bastelkleber
- kleines Küchenmesser
- 1 Kerzenhalter aus Metall (Bastelgeschäft)
- 1 Kerze
- Stopfnadel
- 1 dünner, 30 cm langer Draht
- Pergament-, Drachen- oder Tonpapier (52 x 25 cm)

Die im folgenden beschriebene Laternengrundform wird mit Pergamentpapier hergestellt. Man kann aber auch andere Papiersorten zum Basteln einer solchen Laterne benutzen. Welches Papier bei den nächsten vier Vorschlägen, die alle auf dieser Grundform basieren, verwendet wird, steht jeweils auf dem Materialzettel.

1. In Lebensmittelgeschäften können wir runde, leere Käseschachteln bekommen, die etwa einen Durchmesser von 16 cm haben. Sie bestehen aus zwei Teilen: 1. dem Boden mit einem kleinen Rand und 2. dem oberen Ring in gleicher Größe. Eine solche Käseschachtel dient uns als „Grundgehäuse" für unsere Laternen. (Falls es den oberen Ring nicht gibt, helfen wir uns mit einem 52 cm langen und 2 cm breiten Kartonstreifen, den wir zu einem Ring zusammenkleben!)

2. Wir zeichnen mit Hilfe des Lineals ein 25 x 52 cm großes Rechteck auf unser Pergamentpapier und schneiden es aus. Wie die Zeichnung zeigt, kleben wir den unteren Rand des Pergamentpapiers an die Außenseite des Schachtelbodens. Die Länge von 52 cm reicht rund um die Schachtel.

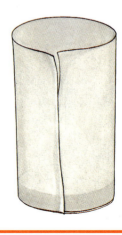

3. Nach oben begrenzen wir das Papier, indem wir den Schachtelring von innen in den oberen Laternenrand einkleben.

4. Nun schließen wir die Laterne, indem wir die beiden offenen Längsseiten zusammenkleben.

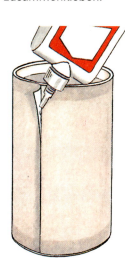

5. Wir bestimmen nun per Augenmaß etwa die Mitte des Bodens. Dort stechen wir mit der Spitze eines kleinen Küchenmessers zwei kleine Schlitze ein, und zwar im Abstand von etwa 1 cm. So haben wir es leicht, den Metallkerzenhalter in unsere Laterne einzustecken.

6. Auf der Unterseite des Bodens knicken wir mit Hilfe des Messers die zwei Laschen des Kerzenhalters um.

7. Wenn der Kerzenhalter stabil befestigt ist, stecken wir eine passende Kerze hinein.

8. Nun fehlt noch die Aufhängung unserer Laterne. Mit einer Stopfnadel stechen wir zwei sich gegenüberliegende Löcher in den oberen Ring.

9. Dann führen wir den Anfang unseres Drahtes durch eines dieser Löcher, biegen ihn nach etwa 3 cm und zwirbeln das kurze Ende um den Draht. Genauso verfahren wir mit dem anderen Ende.

10. In der Mitte kann der Draht 1- bis 2mal gedreht werden. So entsteht eine Schleife, in die der Laternenstab eingehängt werden kann.

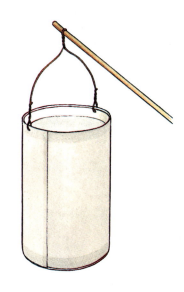

Bemalte Laternen in Bügel- und Pustetechnik

Bügeltechnik
- Materialien der Laternengrundform von Seite 182/183
- 1 Bogen Pergamentpapier (52 x 30 cm)
- Wachsmalstifte
- alte Zeitungen
- Bügeleisen

Pustetechnik
- Materialien der Laternengrundform von Seite 182/183
- 1 Bogen Drachenpapier in einer warmen Herbstfarbe (52 x 25 cm)
- Wasserfarben
- Pinsel
- 1 Strohhalm
- alte Zeitungen

Bügeltechnik

Ganz von allein entstehen bei dieser Technik die schönsten Muster.

1. Zunächst bemalen wir das Pergamentpapier mit den Wachsstiften. Je dicker wir die Farben auftragen, desto schöner verfließt übrigens das Wachs später beim Bügeln.

2. Wenn wir mit dem Bemalen fertig sind, legen wir das Pergamentpapier auf die Hälfte zusammen, so daß die bemalten Seiten aufeinander liegen. Wir legen es auf einen Stapel alter Zeitungen und decken es mit einem Zeitungsblatt ab.

3. Das Bügeleisen stellen wir auf „Baumwolle" und bügeln damit über den Zeitungsbogen.

4. Durch die Hitze zerfließt das Wachs, und die Farben laufen ineinander. Solange das Wachs noch flüssig ist, ziehen wir das Pergamentpapier langsam auseinander. Dadurch entstehen ungewöhnliche, schöne Muster.

5. Zum Schluß stellen wir nach der Anleitung von Seite 182/183 die Laterne fertig.

Pustetechnik

Da das Drachenpapier farbig ist, leuchten die Flächen, die wir nicht bemalt haben, später in einem warmen Herbstton.

1. Zur Vorbereitung der Arbeit decken wir unsere Arbeitsfläche mit Zeitungspapier ab und legen darauf das Drachenpapier.

2. Die Wasserfarben rühren wir mit Pinsel und Wasser an. Wir nehmen als erstes Braun.

3. Haben wir einen ausreichenden Vorrat an gut gelöster Farbe, tropfen wir mit dem Pinsel einen dicken Punkt auf eine beliebige Stelle des unteren Randes des Drachenpapiers.

4. Danach nehmen wir den Strohhalm, setzen ihn mit einem Ende an den Tropfen braune Farbe und pusten durch das Röhrchen. Durch das Blasen wird die Farbe verteilt. Durch Ändern der Richtung, aus der wir pusten, lenken wir den Fluß der Farbe. Auf diese Weise können wir aus dem dicken Stamm mehrere Äste und Verzweigungen „herauspusten". Die Äste dürfen sich bis an den oberen Rand des Drachenpapiers ausbreiten.

5. Überall, wo ein Baum entstehen soll, setzen wir nun an den unteren Rand des Drachenpapiers dicke braune Farbtupfen, die wir dann auf die schon beschriebene Weise zu Bäumen auseinanderblasen.

6. Als nächstes rühren wir uns einen Vorrat an grüner Farbe, die wir auf den ganzen unteren Rand tropfen und ebenfalls ein Stück weit nach oben pusten. Nun sieht es aus, als stünden die Bäume inmitten einer grünen Wiese.

7. Zum Schluß bekommen die Bäume noch Blätter, indem wir zwischen die Äste mit dem Pinsel grüne, gelbe und rote Farbflecke setzen.

8. Wenn alles gut getrocknet ist, stellen wir die Laterne nach der Anleitung von Seite 182/183 fertig. Die bemalte Seite des Papiers kommt dabei nach außen.

Laterne in Lochtechnik

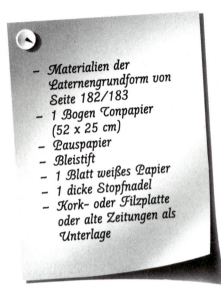

- Materialien der Laternengrundform von Seite 182/183
- 1 Bogen Tonpapier (52 x 25 cm)
- Pauspapier
- Bleistift
- 1 Blatt weißes Papier
- 1 dicke Stopfnadel
- Kork- oder Filzplatte oder alte Zeitungen als Unterlage

Geradezu edel wirkt diese Laterne, deren Muster gelocht wird. Zum Unterschied zu den meisten anderen Laternen ist das hier verwendete Papier nicht durchscheinend. Das Licht fällt nur durch die Löcher der Muster nach außen.

1. Mit Hilfe des Pauspapiers übertragen wir die Vorlage von Seite 187 auf unser weißes Papier. Damit haben wir die Grundformen, aus denen das Lochmuster besteht.

2. Nun pausen wir die Formen auf unser Tonpapier. Aus neun nebeneinandergesetzten Schleifen entsteht die obere Bordüre, aus vier Rankenelementen die untere. Wer möchte, kann die Rankenbordüre durch zusätzliche Blätter noch üppiger gestalten. 0,5 cm lassen wir dabei an einem Ende für den seitlichen Kleberand frei.

0,5 cm

3. Wichtig ist auch, daß die obere und untere Bordüre jeweils 2,5 cm vom Rand entfernt angeordnet werden, denn so breit sind die Ränder der Käseschachtel, die später eingeklebt werden. Löcher, die in diesem Bereich angebracht werden, sind später nicht zu sehen.

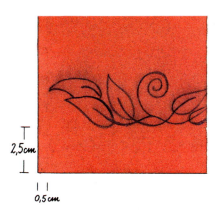

4. Das mittlere Sternmuster ist frei gestaltet, die Anordnung der Sterne und die Gestaltung der Lochmuster in ihrem Inneren bleiben jedem selbst überlassen.

5. Nachdem wir alle drei Bordüren auf das Tonpapier übertragen haben, nehmen wir die Unterlage, legen darauf das Tonpapier und stechen mit der Stopfnadel entlang der Linien Löcher in das Papier. (Die Unterlage darf nicht zu weich sein, da das Tonpapier sonst reißt.)

6. Sind alle Lochmuster fertig, basteln wir nach der Anleitung von Seite 182/183 unsere Laterne.

Abpausvorlagen

Sternlaterne

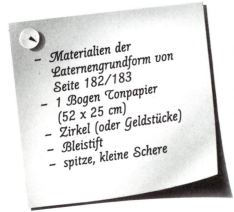

- Materialien der Laternengrundform von Seite 182/183
- 1 Bogen Tonpapier (52 x 25 cm)
- Zirkel (oder Geldstücke)
- Bleistift
- spitze, kleine Schere

Auf den ersten Blick und ohne Beleuchtung wirkt diese Laterne fast unscheinbar. Ihre ganze Schönheit kommt erst zur Geltung, wenn die Kerze brennt und plötzlich viele kleine Sterne leuchten.

1. Auf unser Tonpapier zeichnen wir mit Hilfe des Zirkels viele verschieden große Kreise, die über die gesamte Fläche verteilt werden. Oben und unten muß ein 2,5 cm breiter Rand freibleiben, denn da befinden sich später die Ränder der Käseschachtel. Wer keinen Zirkel hat, kann zum Kreisezeichnen beispielsweise auch Geldstücke verwenden.

2. Mit der spitzen Schere stechen wir nun in die Mitte eines beliebigen Kreises und machen einen Schnitt bis zum Rand. Anschließend machen wir noch drei weitere Schnitte, so daß der Kreis jetzt in vier Viertel geteilt ist.

3. Nun wird jedes dieser Viertel noch in viele schmale Streifen geschnitten.

4. Auf die gleiche Weise werden alle anderen Kreise eingeschnitten.

5. Jetzt drehen wir die Arbeit um, so daß die Seite mit den Bleistiftstrichen unten liegt. Dann klappen wir die Streifen eines jeden Kreises so weit wie möglich nach außen um.

6. Anschließend biegen wir die Streifen wieder zur Mitte zurück. Wenn wir sie nun loslassen, stehen sie leicht nach außen und zeigen eine Sternform.

7. Wenn alle Kreise zu Sternen gefaltet sind, stellen wir die Laterne nach der Anleitung von Seite 182/183 fertig. Die Seite des Tonpapiers, auf der die Sterne nach außen gebogen sind, kommt dabei nach außen.

- 1 Streifen eines flexiblen, nicht zu dicken Kartons (70 x 18 cm)
- je 1 Bogen gelbes, oranges, hell- und dunkelrotes Drachenpapier
- Zirkel
- Bleistift
- Pritt Bastelkleber
- Schere
- Lineal
- kleines Küchenmesser
- 1 Kerzenhalter aus Metall (Bastelgeschäft)
- 1 dünner, 30 cm langer Draht

Sonnenlaterne

Mond und Sterne stehen in der dunklen Jahreszeit meist schon am Himmel, wenn wir mit unserer Sonnenlaterne zum Laternenlaufen gehen – so sind alle Gestirne auf einmal zu sehen.

1. Auf unser gelbes Drachenpapier zeichnen wir mit Hilfe des Zirkels zwei Kreise mit je einem Radius von 15 cm (Durchmesser 30 cm).

2. Um das Gesicht der Sonne zu markieren, zeichnen wir nun in die Mitte der beiden großen Kreise je einen zweiten kleineren mit einem Radius von 5 cm (Durchmesser 10 cm). Anschließend schneiden wir die beiden großen Kreise aus.

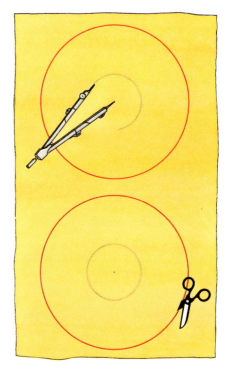

3. Um die Sonnenstrahlen zu bekommem, reißen wir unser rotes, oranges und das restliche gelbe Drachenpapier in viele 1-2 cm breite Streifen, die zwischen 3 und 9 cm lang sein sollten.

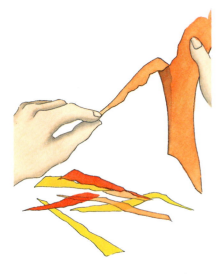

4. Als nächsten Schritt arrangieren wir die Sonnenstrahlen rund um die Gesichter der Sonnen, die ja durch die beiden kleinen Kreise festgelegt sind. Bevor wir zum nächsten Schritt – dem Aufkleben – kommen, können wir die Farbwirkung des Bildes prüfen und – wenn nötig – die Strahlen umarrangieren oder noch weitere Streifen einfügen. Durch Übereinanderlegen der einzelnen Strahlen lassen sich zum Beispiel zusätzliche Farbtöne erzeugen, die geschickte Verteilung von unterschiedlich langen Streifen gibt dem Bild mehr Spannung.

5. Gefallen uns die Bilder, werden die einzelnen Streifen mit Pritt Bastelkleber rund um die Gesichter der beiden Sonnen festgeklebt. Damit ist die Vorder- und Rückseite unserer Laterne fast fertiggestellt, denn die Augen und Münder der Sonnen werden erst ganz zum Schluß aufgeklebt.

6. Das Mittelstück unserer Laterne entsteht aus dem 70 cm langen und 18 cm breiten Kartonstreifen. Um den Platz für den Kerzenhalter zu bestimmen, markieren wir zunächst die Mitte dieses Streifens (35 cm in der Länge und 9 cm in der Breite).

7. Als nächstes zeichnen wir mit dem Lineal einen 3 cm breiten Rand entlang der beiden Längsseiten. Diese Linien ritzen wir mit dem Messer leicht an, damit wir dann später die beiden Randstreifen leichter umknicken können.

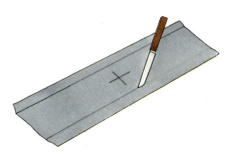

8. Nun schneiden wir mit der Schere aus den beiden Randstreifen lauter Dreiecke aus und erhalten so zwei dekorative Zackenränder.

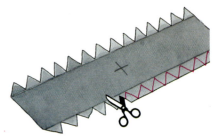

9. Jetzt wird der Kerzenhalter an der markierten Stelle angebracht, wie bei der Laternengrundform auf Seite 183 beschrieben.

10. Entlang der vorgeritzten Linie falten wir nun die Dreiecke unserer Zackenränder nach oben.

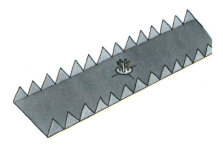

11. Nun wird die Laterne zusammengeklebt. Dafür bestreichen wir die ersten drei Randzacken außen mit Pritt Bastelkleber. Wir legen eine unserer Sonnen mit der beklebten Seite nach unten auf den Tisch und drücken die ersten drei Zacken entlang des Randes an. Nun müssen wir das Ganze einen Moment festhalten, bis der Klebstoff getrocknet ist, damit der Karton auch in der runden Form festgehalten wird.

12. Ist der Klebstoff trocken, bestreichen wir die nächsten drei Zacken mit Pritt Bastelkleber und kleben in der eben beschriebenen Art weiter, bis alle Zacken aufgeklebt sind. Oben bleibt eine Öffnung, um die Kerze hineinstellen zu können.

13. Bei der zweiten Sonne, die natürlich ebenfalls mit der beklebten Seite nach außen kommt, haben wir es leichter, da der Karton ja schon zum Rund gebogen ist. Hier können wir alle Zacken auf einmal mit Pritt Bastelkleber bestreichen und die Sonne aufkleben.

14. Jetzt brauchen unsere Sonnen nur noch ein Gesicht. Dafür reißen wir aus dem roten Drachenpapier kleine Stücke für Münder und Augen heraus und kleben sie auf. Wer möchte, kann auch das Mittelstück noch mit einem Streifen Buntpapier bekleben.

15. Nun fehlt nur noch der Draht für die Halterung, den wir, wie es die Zeichnung zeigt und wie es auf Seite 183 beschrieben ist, am Ende jedes Kartonstreifens anbringen.

Scherenschnitt-leuchte

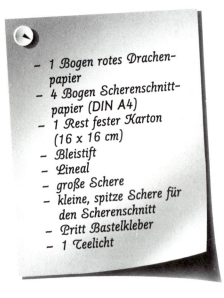

- 1 Bogen rotes Drachen-papier
- 4 Bogen Scherenschnitt-papier (DIN A4)
- 1 Rest fester Karton (16 x 16 cm)
- Bleistift
- Lineal
- große Schere
- kleine, spitze Schere für den Scherenschnitt
- Pritt Bastelkleber
- 1 Teelicht

Diese Scherenschnittleuchte mit ihrem attraktiven Sternmuster ist ein dekorativer Tischschmuck für eine gemütliche Kaffee- oder Teestunde gerade in der Vorweihnachtszeit.

1. Die Grundform der würfelförmigen Leuchte, die aus fünf 16 x 16 cm großen Quadraten zusammengesetzt wird, entsteht aus unserem Drachenpapier. Mit Lineal und Bleistift zeichnen wir zwei Rechtecke mit den Maßen, die auf der Zeichnung zu sehen sind, auf das Papier.

2. Nun unterteilen wir mit dem Lineal unser großes Rechteck A in drei 16 cm lange Teilstücke und zeichnen am rechten und linken Längsrand je einen 0,5 cm breiten Streifen ein (siehe Zeichnung). So erhalten wir die Form für den Boden und zwei Seitenwände, die schmalen Streifen sind die Klebekanten.

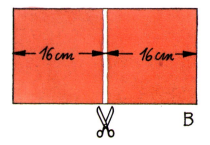

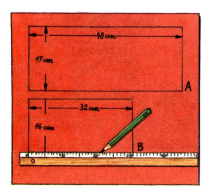

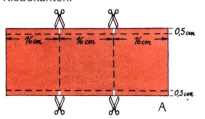

3. Bei unserem kleinen Rechteck B brauchen wir nur das Rechteck längs zu halbieren und erhalten zwei Quadrate mit je 16 cm Seitenlänge – die beiden anderen Seiten der Leuchte.

4. Nun schneiden wir die beiden so vorbereiteten Rechtecke aus. Das große im Ganzen, aus dem kleineren machen wir gleich zwei Quadrate, die wir zunächst einmal beiseite legen.

5. Wir nehmen unser quadratisches Kartonstück, bestreichen es auf der einen Seite mit Pritt Bastelkleber und kleben den Boden in das mittlere Quadrat des großen Rechtecks, wie es die Zeichnung zeigt.

6. Als nächstes stellen wir unsere schmückenden Scherenschnitte her. Dafür schneiden wir uns aus unserem Scherenschnittpapier vier 16 x 16 cm große Quadrate aus.

7. Wir nehmen nun eines der Quadrate und falten es diagonal – Spitze auf Spitze – zu einem Dreieck. Die schwarze Seite des Papiers kommt dabei nach innen.

8. Nun falten wir die Spitze a exakt auf Spitze b und streichen den Falz mit dem Fingernagel glatt.

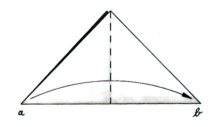

9. Zum Schluß falten wir noch die Spitze a/b exakt auf die Spitze c und drehen die Faltarbeit so, daß die offene Seite waagerecht vor uns liegt.

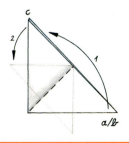

10. Jetzt zeichnen wir mit dem Bleistift ein Muster vor und schneiden es mit der kleinen Schere aus. Die Zeichnung zeigt nur eine Möglichkeit, wie das Muster aussehen kann. Wichtig ist allerdings, daß wir den offenen Rand nicht einschneiden, damit unser Muster hinterher rundherum eingerahmt ist.

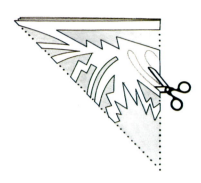

11. Wenn wir alle vier Scherenschnitte fertiggestellt haben, können wir sie mit Pritt Bastelkleber mit der schwarzen Seite nach außen auf das Drachenpapier kleben.

12. Jetzt schneiden wir die Kleberänder unserer Bodenform an den vorgegebenen Stellen (weiße Linien) ein und knicken die Ränder und die beiden Seitenwände in einem Winkel von 90 Grad nach oben.

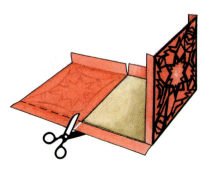

13. Auf die Stellen, wo die Ränder sich überlappen, geben wir einen Tropfen Pritt Bastelkleber und kleben sie fest. Wir achten dabei darauf, daß die Seitenwände im rechten Winkel stehen.

14. Zum Schluß bestreichen wir die ganze Fläche der Kleberänder mit Pritt Bastelkleber und kleben unsere beiden restlichen Seitenwände so auf, daß die verzierten Seiten nach außen zeigen.

15. Wer möchte, kann die Kanten der Leuchte noch zusätzlich mit vier Streben aus Scherenschnittpapier verstärken. Dazu schneiden wir uns vier 16 cm lange und 1 cm breite Streifen zu, die wir der Länge nach in der Mitte knicken und übereck auf die Leuchte kleben, wie es die Zeichnung zeigt.

Weihnachtliche Basteleien

In vielen Familien ist es schon Tradition, die Wohnung in der Advents- und Weihnachtszeit mit selbstgemachten Sternen, Bildern und Adventskalendern zu schmücken. Jedes Familienmitglied kann seinen besonderen und individuellen Beitrag zur Weihnachtsdekoration leisten. Die in diesem Kapitel vorgestellten weihnachtlichen Bastelideen knüpfen an die Tradition des selbstgemachten Weihnachtsschmucks an. Und da das Basteln gemeinsam noch einmal so viel Spaß macht: Wie wäre es mit einer Einladung an Freunde und Verwandte zu einem vorweihnachtlichen Bastelnachmittag oder -abend?

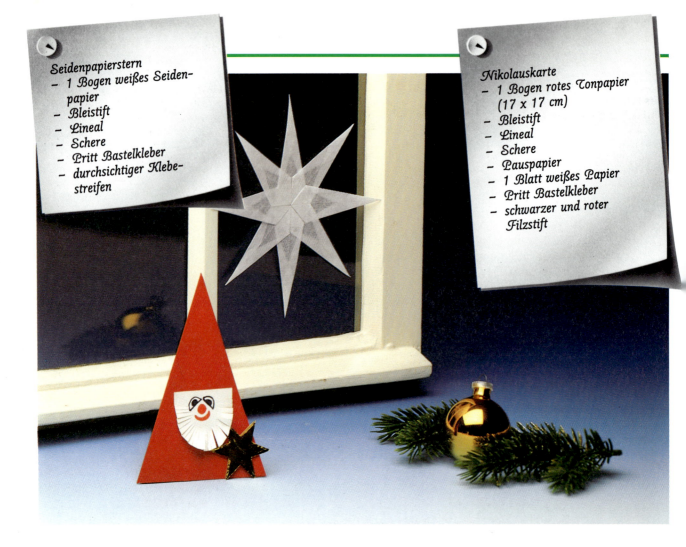

Nikolauskarte und Seidenpapierstern

Gerade in der Vorweihnachtszeit trifft man sich gern zu einer gemütlichen Teestunde. Sicher wird sich jeder Gast über eine Einladung, die in der Gestalt eines Nikolauses daherkommt, freuen. Und gemeinsam macht das Basteln unseres dekorativen Seidenpapiersterns mehr Spaß.

Nikolauskarte

1. Um unsere Nikolausform zu bekommen, falten wir das quadratische Tonpapier einmal Ecke auf Ecke diagonal zusammen und legen es mit der offenen Spitze nach unten vor uns auf den Tisch.

2. Nun messen wir mit dem Lineal 17 cm entlang unserer Faltkante ab und verbinden diesen Punkt mit der unteren Spitze. Entlang dieser Linie schneiden wir anschließend unser Papier durch und haben so die Form eines Nikolaushutes bekommen.

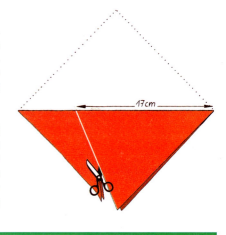

3. Als nächstes pausen wir den Kopf des Nikolauses auf das weiße Papier und schneiden ihn aus.

4. Mit schwarzem und rotem Filzstift malen wir die Augen, Nase und Mund aus und schneiden anschließend den Bart entlang der vorgezeichneten Linien aus.

5. Auf die Rückseite unseres Nikolauskopfes streichen wir etwas Pritt Bastelkleber, sparen dabei aber die Barthaare aus. Wir kleben den Kopf auf die untere Hälfte der Karte und heben die Barthaare leicht an.

6. Den Text unserer Einladung schreiben wir entweder direkt in die Karte oder kleben einen Zettel ein.

Abpausvorlage

Seidenpapierstern

1. Mit Bleistift und Lineal zeichnen wir acht 4 cm breite und 10 cm lange Streifen auf das Seidenpapier und schneiden sie aus.

2. Wir nehmen den ersten Streifen und falten ihn der Länge nach zur Hälfte zusammen.

3. Wir öffnen die Faltung wieder und falten anschließend alle vier Ecken zur Mittellinie, wie die Zeichnung zeigt.

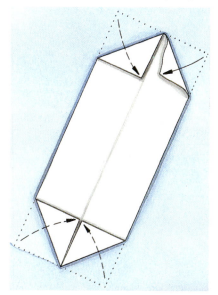

4. Die beiden Spitzen a und b falten wir nun noch einmal zur Mittellinie, wie die Zeichnung zeigt.

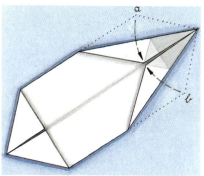

5. Als letzten Schritt falten wir die Spitzen c und d zur Mittellinie und streichen den Falz gut glatt – unser erster Strahl ist fertig. Auf die gleiche Art und Weise stellen wir dann noch weitere sieben Strahlen her.

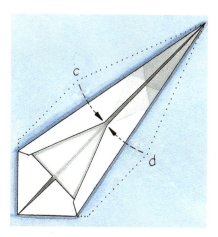

6. Haben wir alle Strahlen fertig, kleben wir sie – wie auf der Zeichnung zu sehen – mit ihren breiten Spitzen mit Pritt Bastelkleber im Uhrzeigersinn aneinander.

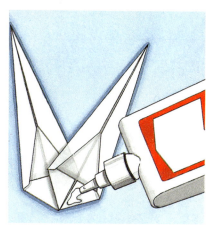

7. Der fertige Stern wird mit durchsichtigem Klebestreifen am Fenster befestigt.

- 6 quadratische Stücke
  beidseitig beschichteter
  Goldfolie (je 15 x 15 cm)
- Pritt Bastelkleber
- Nadel und Faden

Stern aus Himmel und Hölle

Die Faltform „Himmel und Hölle" ist den meisten als Kinderspiel bekannt. Hier basteln wir aus sechs solchen „Himmel-und-Hölle-Formen" einen Weihnachtsstern.

1. Wir falten das erste Quadrat einmal in der Mitte zusammen, klappen es wieder auf und falten es noch einmal nach der anderen Seite zusammen. Wenn wir es jetzt wieder aufklappen, haben wir vier gleich große Quadrate, wie auf der Zeichnung zu sehen.

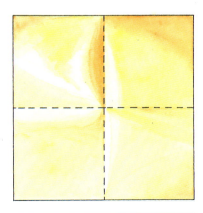

2. Nun klappen wir nacheinander alle vier Ecken bis zum Mittelpunkt nach innen, wie die Zeichnung zeigt, so daß zum Schluß wieder ein Quadrat entstanden ist. Dieses Quadrat wird nun umgedreht; die offenen Ecken liegen jetzt auf dem Tisch.

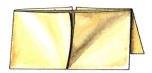

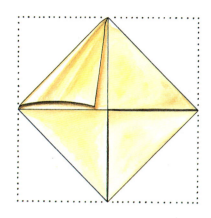

3. Jetzt falten wir wieder wie eben alle vier Ecken zur Mitte und erhalten ein weiteres kleineres Quadrat. Wenn wir dieses Quadrat noch einmal wenden, sehen wir, daß vier „Ecktaschen" entstanden sind.

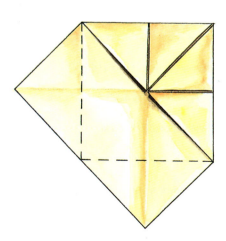

4. Nun knicken wir die Form in der Mitte einmal längs und einmal quer, damit das folgende Auffalten leichter geht.

5. Dann schieben wir von jeder Hand Daumen und Zeigefinger in je eine Tasche und die erste Form ist fertig. Auf die gleiche Art und Weise basteln wir dann noch fünf weitere Formen.

6. Nun kleben wir vier Formen zu einem Ring zusammen. Dazu bestreichen wir zwei nebeneinanderliegende Ecktaschen der ersten Form je zur Hälfte gut mit Pritt Bastelkleber.

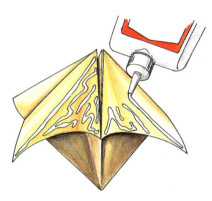

7. Jetzt nehmen wir die zweite Form und kleben sie mit zwei ihrer Ecktaschen an der ersten fest, wie die Zeichnung zeigt. Die Klebestellen halten wir dabei solange fest, bis der Kleber abgebunden hat.

8. In der gleichen Weise kleben wir die beiden restlichen Formen an und schließen sie bei der letzten zum Ring, wie auf der Zeichnung zu sehen.

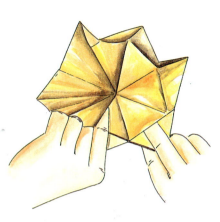

9. Wir stellen den Ring vor uns auf den Tisch und bestreichen seine obere Fläche mit Pritt Bastelkleber. Hier kleben wir eine weitere Form ein. Wenn der Kleber abgebunden hat, drehen wir das Ganze um und kleben die letzte Form ein.

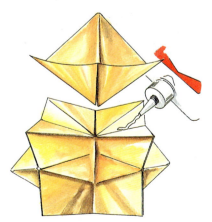

10. Zum Schluß ziehen wir mit Hilfe der Nadel einen Faden durch eine Sternspitze und hängen den Stern daran auf.

- 1 Stück feste Pappe
  (65 x 40 cm)
- 2 Bogen hellblaues
  Tonpapier (DIN A2)
- etwa 60 weiße Sternchen
  (Bastelgeschäft)
- 24 Blatt weißes Papier
  (DIN A4)
- Bleistift
- Lineal
- Schere
- Watte
- Pritt Bastelkleber
- Nadel und Faden

Eine Wolke als Adventskalender

Eine Wolke, aus der Schneeflocken fallen, ist nichts Ungewöhnliches. Aber eine, mit genau 24 Schneeflocken, von denen jede auch noch eine kleine Überraschung enthält, ist schon ein besonderer, einmaliger Adventskalender.

1. Die Grundform unserer Wolke stellen wir aus fester Pappe her, denn sie ist ziemlich groß und wir wollen ja noch 24 Päckchen daran hängen. Die Umrisse der Wolke zeichnen wir mit Bleistift auf die Pappe auf. (Dabei können wir uns an dem Foto orientieren. Die Größe ergibt sich aus der Größe unseres Pappstückes.) Dann schneiden wir die Wolke aus.

2. Wir legen die Wolkenform auf das Tonpapier und ziehen die Umrisse mit Bleistift nach. Diese Form schneiden wir ebenfalls aus. Da wir beide Seiten der Pappe bekleben wollen, benötigen wir noch eine zweite blaue Tonpapierwolke. Nun werden Vor- und Rückseite der Pappwolke mit Pritt Bastelkleber bestrichen und mit Tonpapier beklebt.

3. Als Schmuck kleben wir unsere weißen Sternchen auf beide Seiten der Wolke.

4. Um unsere Schneeflockenschachteln herzustellen, zeichnen wir auf unser weißes Papier 48 Quadrate mit 12 cm Seitenlänge und schneiden sie aus. (Pro DIN-A4-Bogen bekommen wir zwei Quadrate.) Um uns die Arbeit zu erleichtern, können wir uns auch eine Pappschablone (12 x 12 cm) machen und unsere 48 Quadrate damit vorzeichnen.

5. Alle Quadrate werden nach dem gleichen Schema, das wir jetzt erklären, zur Schachtel gefaltet. Wir nehmen das erste Quadrat und falten es zweimal je zur Hälfte zusammen. Nach jedem Faltgang öffnen wir es wieder zum Quadrat.

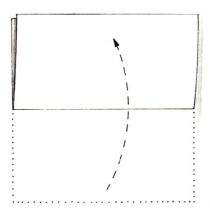

6. Jetzt falten wir nacheinander die vier Ecken bis zum Mittelpunkt.

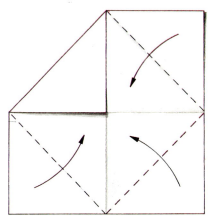

7. Wir öffnen diese Faltungen nicht, sondern falten die gegenüberliegenden Seiten nacheinander bis an die Mittellinie und streichen den Knick glatt. Dann falten wir diese beiden Seiten auf und legen die beiden anderen Seiten ebenfalls bis an die Mittellinie. Wenn wir auch diese Faltung glattgestrichen haben, machen wir unser Quadrat wieder auf.

8. Um eine Schachtel falten zu können, schneiden wir das Quadrat viermal ein. Die roten Linien auf der Zeichnung zeigen an, wie wir schneiden müssen.

9. Die rechte und die linke Ecke legen wir an den Mittelpunkt.

10. Die auf der Zeichnung schraffiert dargestellten Teile werden senkrecht zum Schachtelboden hochgestellt. Die eingeschnittenen Ecken dieser Teile werden nach innen geklappt und stehen hintereinander (siehe Pfeilrichtung auf der Zeichnung).

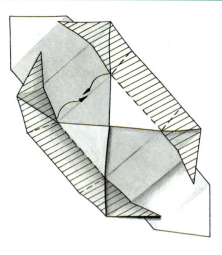

11. Die überstehenden Ecken werden nun nacheinander über den hochstehenden Rand zum Mittelpunkt gelegt. Die Ränder der Schachtel werden noch einmal geknifft. Die vier Ecken treffen alle im Mittelpunkt zusammen und sollten mit etwas Klebstoff festgeklebt werden.

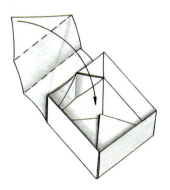

12. Auf die gleiche Art stellen wir 47 weitere Schachteln her. 24 davon werden dann mit kleinen Geschenken wie zum Beispiel Bonbons oder Keksen gefüllt, die anderen 24 dienen jeweils als Deckel.

13. Haben wir die Schachteln gefüllt und geschlossen, bestreichen wir sie nacheinander rundrum mit Pritt Bastelkleber und bekleben sie mit Watte.

14. Nun nehmen wir Nadel und Faden, machen einen Knoten am Ende eines Fadens und stechen durch die erste Schachtel, um sie aufzufädeln. Auf die gleiche Art und Weise reihen wir noch zwei weitere Schachteln auf den Faden und befestigen ihn dann an der Wolke, indem wir die Nadel durch deren unteren Rand stechen und den Faden durchziehen und verknoten.

15. So reihen wir nacheinander alle 24 Schneeflocken auf insgesamt sechs Fäden auf und verteilen sie über den ganzen Rand der Wolke. Hübsch sieht es aus, wenn wir die Anzahl der Schneeflocken jeweils variieren und die längeren Stränge in der Mitte anbringen.

16. In der Adventszeit darf dann jeden Tag ein Schächtelchen abgeschnitten werden, so daß es von Tag zu Tag weniger Schneeflocken werden.

Fenstertransparent

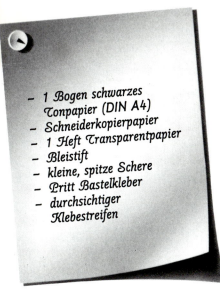

- 1 Bogen schwarzes Tonpapier (DIN A4)
- Schneiderkopierpapier
- 1 Heft Transparentpapier
- Bleistift
- kleine, spitze Schere
- Pritt Bastelkleber
- durchsichtiger Klebestreifen

Dieses Transparent hat die bleiverglasten, bunten Kirchenfenster zum Vorbild. Das hier gezeigte Motiv der heiligen Familie paßt besonders gut in die Weihnachtszeit, aber natürlich kann man nach demselben Prinzip auch andere Fenstertransparente mit ganz weltlichen Motiven herstellen.

1. Wir pausen das Motiv mit Hilfe des Schneiderkopierpapiers, das weiße Linien hinterläßt, auf unser schwarzes Tonpapier. Die Abpausvorlage finden wir auf dem Vorlagebogen. Wer kein Schneiderkopierpapier hat, kann auch Kohlepapier nehmen. Allerdings sind die dunklen Linien auf dem schwarzen Papier kaum zu erkennen, so daß wir für diese Arbeit ganz helles Licht brauchen.

2. Die Flächen zwischen den Stegen schneiden wir alle sorgfältig aus.

3. Die leeren Felder zwischen den Stegen werden nun nacheinander mit Transparentpapier hinterklebt. Dazu legen wir das Tonpapier auf ein Stück Transparentpapier der gewünschten Farbe und ziehen mit dem Bleistift die äußeren Umrisse des Feldes nach. Anschließend schneiden wir die Form aus und kleben sie mit Pritt Bastelkleber von hinten gegen das Feld.

4. Durch Übereinanderkleben mehrerer Papiere erhalten wir zusätzliche, dunklere Farbtöne. Das auf dem Foto gezeigte Transparent ist lediglich als Anregung, wie man das Bild farbig gestalten kann, zu verstehen, der eigenen Kreativität sind hier keine Grenzen gesetzt.

5. Das fertige Transparent kleben wir mit durchsichtigem Klebestreifen ans Fenster.

- zweifarbig beschichtete Metallfolie (Goldfolie)
- Bleistift
- Lineal
- Schere

Zweifarbiger Stern

Aus zweifarbig beschichteter Metallfolie, die es in den unterschiedlichsten Farbkombinationen gibt, können wir sehr wirkungsvolle Sterne schneiden und klappen. Die Zweifarbigkeit entsteht allein durch das Umklappen. Diese Sterne sind ein wunderschöner Schmuck für den Weihnachtsbaum.

1. Mit Lineal und Bleistift zeichnen wir auf unsere Metallfolie ein Quadrat mit den Maßen 12 x 12 cm und schneiden es aus.

2. Wir falten das Quadrat einmal diagonal Ecke auf Ecke zu einem Dreieck.

6. Um unsere Sternform zu bekommen, schneiden wir von der geschlossenen Seite zur offenen Spitze hin ein schmales Dreieck ab, wie die Zeichnung zeigt.

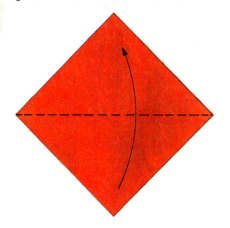

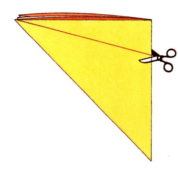

9. Um nun die endgültige zweifarbige Sternform zu bekommen, müssen wir die Hälfte der Zackenstreifen nach oben klappen. Wir beginnen in einem beliebigen Feld mit dem untersten, längsten Zacken und klappen ihn nach oben um.

10. Den nächsten Zacken in der Reihe lassen wir stehen und klappen erst den übernächsten wieder nach oben usw. bis zum Ende des Feldes.

3. Nun falten wir Spitze a exakt auf Spitze b.

7. Anschließend schneiden wir – wieder von der geschlossenen Seite aus – parallel zur längsten Seite unserer Faltform Streifen ein. Die Streifen sollten möglichst alle etwa gleich breit sein. Dabei achten wir darauf, daß die Form nicht durchgeschnitten wird, sondern daß ein schmaler Rand stehenbleibt.

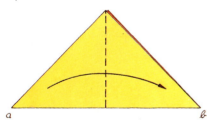

4. Jetzt falten wir Spitze a/b genau auf Spitze c.

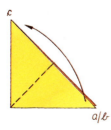

8. Nach dem Schneiden falten wir den Stern vorsichtig auseinander. Wenn wir alles richtig gemacht haben, sollte er so aussehen wie der gezeichnete.

5. Wir legen das so entstandene Dreieck so vor uns auf den Tisch, daß die offene Seite gerade vor uns liegt.

11. Auf die gleiche Art und Weise verfahren wir mit den anderen drei Feldern des Sterns.

12. Zum Schluß wird alles gut glattgestrichen und der Stern an passender Stelle mit einem Faden aufgehängt.

Engelmobile

- 1 Stück dünne Pappe (etwa 22 x 20 cm)
- 1 Bogen Silberfolie
- etwa 120 Silbersternchen (Bastelgeschäft)
- 1 Bogen Goldfolie (beidseitig beschichtet)
- Bleistift
- Pauspapier
- Schere
- Pritt Bastelkleber
- Nadel und Faden

„... hoch oben schwebt jubelnd der Engelein Chor!"
Ein solch jubelnder Engelchor gehört einfach in die Weihnachtszeit. Er sieht nicht nur schön aus, sondern ist auch ganz einfach herzustellen.

1. Das Abpausmuster für die Wolken finden wir auf Seite 221. Mit Bleistift und Pauspapier übertragen wir die Wolkenform zweimal auf unsere Pappe. Die Linien, an denen die Wolken eingeschnitten werden müssen, pausen wir mit durch.

2. Wir schneiden die Wolken aus und entlang der vorgezeichneten Linien ein, die erste Wolke von der geraden Seite aus und die zweite von der geschwungenen Seite her, wie die Zeichnung zeigt. Hier werden die beiden Wolken später ineinandergesteckt.

3. Wir nehmen unsere Wolkenformen, legen sie auf die Silberfolie und ziehen die Umrisse mit Bleistift nach. Dann drehen wir beide Wolken um und zeichnen auch die seitenverkehrten Umrisse nach und schneiden alles aus.

4. Nun bestreichen wir Vor- und Rückseite jeder Wolke mit Pritt Bastelkleber und kleben unsere Silberfolie auf. Bevor wir nun die Wolken auf beiden Seiten mit den Sternchen verzieren, schneiden wir die Silberfolie entlang der Einschnitte in der Pappe ein.

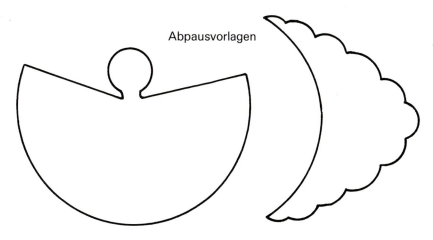

Abpausvorlagen

6. Während der Klebstoff trocknet, pausen wir nebenstehenden Engelkörper und -flügel insgesamt neunmal auf unsere Goldfolie und schneiden alles aus.

7. Die eine Seite des Engelsgewandes bestreichen wir nun mit Pritt Bastelkleber und kleben das Gewand tütenartig zusammen.

5. Nun schieben wir die beiden Wolken ineinander und fixieren sie im rechten Winkel zueinander mit einem Tropfen Pritt Bastelkleber.

9. Um die Engel aufzuhängen, nehmen wir Nadel und Faden, machen einen Knoten an das Ende des Fadens und ziehen ihn durch den Kopf des Engels. Anschließend stechen wir durch die Unterseite einer Wolke und verknoten den Faden dort. Wir hängen alle Engel an unterschiedlich langen Fäden auf. Für die Aufhängung ziehen wir einen Faden durch den Scheitelpunkt der Wolken und hängen das Mobile an der Decke auf.

8. Dann nehmen wir ein Flügelpaar und kleben es – mit den Flügelspitzen nach oben – an der Stelle fest, wo wir das Gewand zusammengeklebt haben. Auf die gleiche Art und Weise stellen wir nacheinander die restlichen acht Engel her.

Schneelandschaft

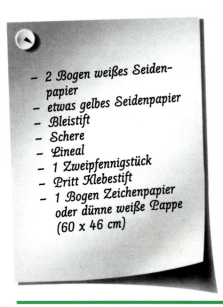

- 2 Bogen weißes Seidenpapier
- etwas gelbes Seidenpapier
- Bleistift
- Schere
- Lineal
- 1 Zweipfennigstück
- Pritt Klebestift
- 1 Bogen Zeichenpapier oder dünne weiße Pappe (60 x 46 cm)

Um beim Blick aus dem Fenster in eine verschneite Landschaft zu schauen, brauchen wir nicht auf Schnee zu warten, wenn wir dieses Seidenpapierbild am Fenster hängen haben.

1. Wir legen unseren Bogen Seidenpapier auf den Vorlagebogen und zeichnen mit Bleistift die Umrisse aller Hügel ab und schneiden sie anschließend aus.

2. Den zweiten Seidenpapierbogen legen wir vor uns auf den Tisch. Wir bestreichen nun nacheinander die Hügel behutsam, damit das dünne Seidenpapier nicht reißt, mit Pritt Klebestift und kleben sie auf. In welcher Reihenfolge das geschehen soll, ist aus der Zeichnung zu ersehen. Durch das Übereinanderkleben und die sich daraus ergebenden Überschneidungen entstehen interessante Schattierungen von Weiß bis Grau.

3. Sind alle Hügel aufgeklebt, nehmen wir ein kleines Stück Seidenpapier, legen es auf die Abpausvorlage des Hauses, zeichnen alle Umrisse nach und schneiden sie aus. Wie auf der Zeichnung zu sehen, kleben wir dann das Haus mit Tür, Fenstern und Schornstein auf den Hügel 4. Zwei sehr kleine, schmale Streifen aus gelbem Seidenpapier kleben wir in die Fenster, damit es aussieht, als brenne im Haus Licht.

4. Auf weitere Reste des Seidenpapiers zeichnen wir uns jetzt die Form des Tannenbaums durch. Wie viele Bäume man in die Landschaft setzt, bleibt jedem selbst überlassen. Wir haben den Tannenbaum insgesamt elfmal durchgemalt, ausgeschnitten und auf den Hügeln verteilt.

5. An den Himmel kommt noch eine Wintersonne aus gelbem Papier. Das Oval pausen wir wieder von der Vorlage durch, mit unserer Münze zeichnen wir den Kreis und schneiden beides aus. Wir kleben das Oval an den Himmel und setzen die Sonne hinein.

6. Nun malen wir uns noch einige weiße Schneewolken ab, schneiden sie aus, bestreichen sie mit Pritt Klebestift und kleben sie auf unseren Winterhimmel.

7. Zum Schluß stellen wir aus unserem weißen Papier den Rahmen für das Fenstertransparent her, wie die Zeichnung zeigt. Das mittlere Rechteck schneiden wir aus und kleben unser Seidenbild von hinten gegen diesen Rahmen.

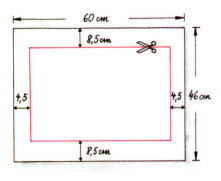

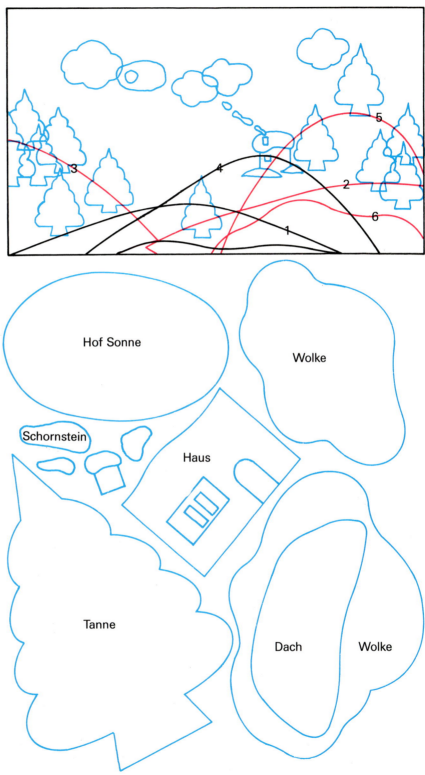

Tischtransparent

- 1 rechteckiger Karton
  (35 x 30 cm)
- je 1 Bogen Seidenpapier
  in den Farben weiß,
  orange, rot, gelb, blau
  und lila
- Bleistift
- Lineal
- Papiermesser
- Schere
- Reste von Gold- und
  Silberfolie
- 1 Stück Pappe oder alte
  Zeitungen als Unterlage
- Pritt Bastelkleber
- durchsichtiger
  Klebestreifen
- 3 Teelichter

Dieses Tischtransparent wird mit drei Teelichtern von hinten beleuchtet und ist ein stimmungsvoller Schmuck für die festliche Weihnachtstafel. Wer möchte, kann das Transparent auch statt einer Krippe unter den Weihnachtsbaum stellen.

1. Aus unserem 30 x 35 cm großen Kartonstück basteln wir den Rahmen und die seitlichen Stellwände für das Transparent. Dafür zeichnen wir mit Bleistift und Lineal ringsherum einen 1,5 cm breiten Rand ein.

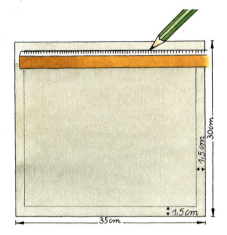

2. Damit der Tisch beim Schneiden nicht beschädigt wird, legen wir unser Kartonstück auf die Unterlage. Mit Hilfe des Lineals und des Papiermessers schneiden wir entlang der vorgezeichneten Linien den Rahmen sauber aus.

3. Anschließend halbieren wir das Mittelstück, wie die Zeichnung zeigt, und erhalten so unsere beiden seitlichen Stellwände.

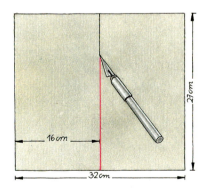

4. Wer möchte, kann nun den Rahmen und die Seitenteile mit Gold- oder Silberfolie bekleben. Wir haben einen

goldenen Rahmen und silberne Stellwände gewählt.

5. Nun bestreichen wir die nicht beklebte Rückseite unseres Rahmens mit Pritt Bastelkleber und kleben ihn auf das weiße Seidenpapier. Das überstehende Papier schneiden wir mit der Schere ab. Der Untergrund für unser Bild ist fertig.

6. Wir legen den Rahmen mit der goldenen Seite nach unten vor uns auf den Tisch und beginnen mit dem Zusammenstellen der Figuren. Es empfiehlt sich bei diesem Transparent, die Figuren erst einmal probeweise aufzulegen, bevor man sie endgültig festklebt.

7. Wir beginnen mit den Gesichtern von Josef und Maria. Aus dem weißen Papier reißen wir etwa 6 x 6 cm große Stücke heraus, knüllen sie zu Gesichtsformen zusammen und legen sie an die dafür vorgesehenen Stellen.

8. Für das Kleid der Maria reißen wir von dem roten Papier ein 20 x 12 cm großes Stück ab, knüllen es zu einer Gewandform und legen es auf unseren Untergrund.

9. Das Gewand Josefs entsteht aus einem blauen Stück Seidenpapier mit etwa den gleichen Maßen. Sind wir mit der Bildaufteilung zufrieden, können wir alle Teile jetzt mit etwas Pritt Bastelkleber aufkleben.

10. Nun fehlen am Gewand der Maria noch die Ärmel, die wir aus einem etwa 7 x 5 cm großen Stück roten Papier formen. Die Hand entsteht aus einem kleinen Stück weißen Papier. Für den blauen Umhang reißen wir ein etwa 22 x 10 cm großes Stück zurecht, formen einen Kopf und legen ihn über Gesicht und Kleid der Maria.

11. Genauso formen wir nun für die Figur Josefs einen blauen Ärmel, eine weiße Hand und einen lila Mantel. Die Haare sind ebenfalls lila und werden vorsichtig unter den Kopf geklebt.

12. Nun reißen wir von unserem orangen Papier ein etwa 8 x 8 cm großes Stück ab, knüllen es zu einer Krippe und kleben es zwischen Maria und Josef fest. Aus je einem kleinen Stück weißen und gelben Papier formen wir das Christkind und kleben es in die Krippe.

13. Zum Schluß gestalten wir den Hintergrund mit großen gelben und orangen Seidenpapierstücken.

14. Damit unser Transparent auch stehen kann, kleben wir die beiden Seitenwände mit durchsichtigem Klebestreifen so an den Rahmen, daß ihre silbernen Seiten nach außen zeigen und klappen sie auf.

Fröbelstern

- beidseitig beschichtete Metallfolie (Goldfolie)
- Bleistift
- Lineal
- Schere
- Nadel und Faden

Dieser nicht so ganz einfach zu bastelnde Stern hält ohne Klebstoff zusammen. Wir können für seine Herstellung einfarbige oder – wie in den Zeichnungen zu sehen – zweifarbig beschichtete Metallfolie verwenden.

1. Auf unsere Metallfolie zeichnen wir mit Hilfe des Lineals vier 2 cm breite und 50 cm lange Streifen und schneiden sie aus.

2. Alle vier Streifen falten wir auf die Hälfte zusammen, so daß sie anschließend nur noch 25 cm lang sind.

3. Diese Doppelstreifen verflechten wir, wie auf der Zeichnung zu sehen, zu einem Quadrat und haben so den Mittelteil unseres Sterns bekommen.

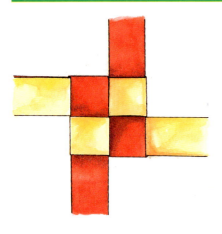 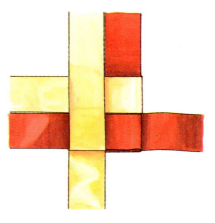 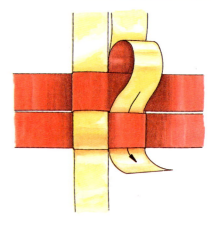

4. Nun nehmen wir den oberen Streifen des Doppelstreifens, der nach rechts zeigt, und falten ihn nach links um.

6. Links liegen jetzt zwei Streifen untereinander. Wir nehmen den oberen Streifen des Doppelstreifens und falten ihn nach rechts um.

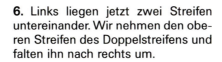

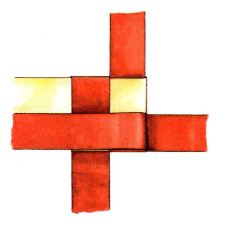 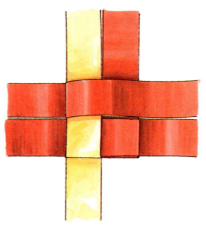

8. Von den beiden Streifen, die jetzt nach oben zeigen, nehmen wir den linken, schlagen ihn nach hinten um und falten ihn zu einem Dreieck.

5. Dann nehmen wir den oberen Streifen des Stranges, der nach unten zeigt, und falten ihn nach oben um.

7. Oben liegen ebenfalls zwei Streifen nebeneinander. Wir nehmen wiederum nur den oberen Streifen des rechten Doppelstreifens und schieben ihn unter dem rechten Flechtquadrat hindurch nach unten. Die Arbeit sieht jetzt so aus, wie die Zeichnung zeigt.

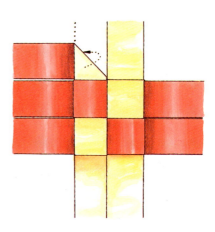

9. Nun drehen wir die Arbeit immer um 90 Grad und machen dasselbe mit dem jeweiligen linken Streifen, bis wir einmal herum sind. Die Faltform sieht jetzt so aus, wie die Zeichnung zeigt.

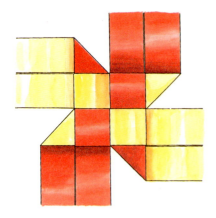

10. Wir nehmen nun einen der gerade gefalteten Streifen und knicken ihn noch einmal so um, daß ein gleichschenkliges Dreieck entsteht.

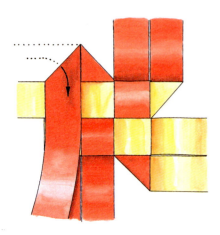

11. Nun klappen wir dieses Dreieck in Richtung Sternmitte auf die Hälfte zusammen, nehmen das Ende des Streifens und schieben es unter dem Flechtquadrat, das direkt unter der Zacke liegt, durch und ziehen das Ganze glatt.

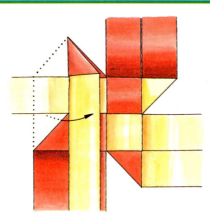

12. Dann drehen wir die Arbeit um 90 Grad und wiederholen den Schritt 11 bei den drei anderen, eben gefalteten Streifen. Dabei achten wir darauf, daß wir den Streifen auch wirklich immer durch das Flechtquadrat schieben.

13. Jetzt drehen wir den Stern um und wiederholen die Schritte 8 bis 12 mit dem jeweils längeren (linken) zweier nebeneinanderliegender Streifen.

14. Die Faltform, auf der jetzt schon auf beiden Seiten ein flacher, achteckiger Stern entstanden ist, legen wir, wie die Zeichnung zeigt, vor uns auf den Tisch.

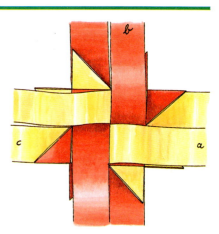

15. Nun legen wir den auf der oberen Zeichnung mit a bezeichneten Streifen nach links um und drehen den mit b bezeichneten zu einer Schlaufe. Das Ende der Schlaufe schieben wir an der Stelle in die Faltform, wo der Ansatz des zurückgeschlagenen Streifens b ist. Es kommt dann an der oben mit c bezeichneten Spitze wieder heraus.

16. Wir ziehen den Streifen soweit aus der Zacke c heraus, bis sich die Schlaufe zu einer spitzen Tüte geformt hat. Dann schneiden wir das überstehende Ende schräg entlang der Zacke ab.

18. Auf die gleiche Art und Weise formen wir die zwei restlichen Tüten. Der Stern ist jetzt fast fertig und sieht so aus, wie auf der großen Zeichnung zu sehen.

19. Nun drehen wir die Arbeit um und wiederholen die Schritte 15 bis 18 – unser Fröbelstern ist fertig. Um den Stern auch aufhängen zu können, ziehen wir zum Schluß noch mit Hilfe der Nadel einen Faden durch einen der Zacken des flachen Mittelsterns.

17. Nun drehen wir unseren Stern gegen den Uhrzeigersinn um 90 Grad, so daß die gerade entstandene Tüte oben ist. Wir wiederholen jetzt die Schritte 15 und 16 mit den Streifen e und f.

Register

Schablonenzeichnungen

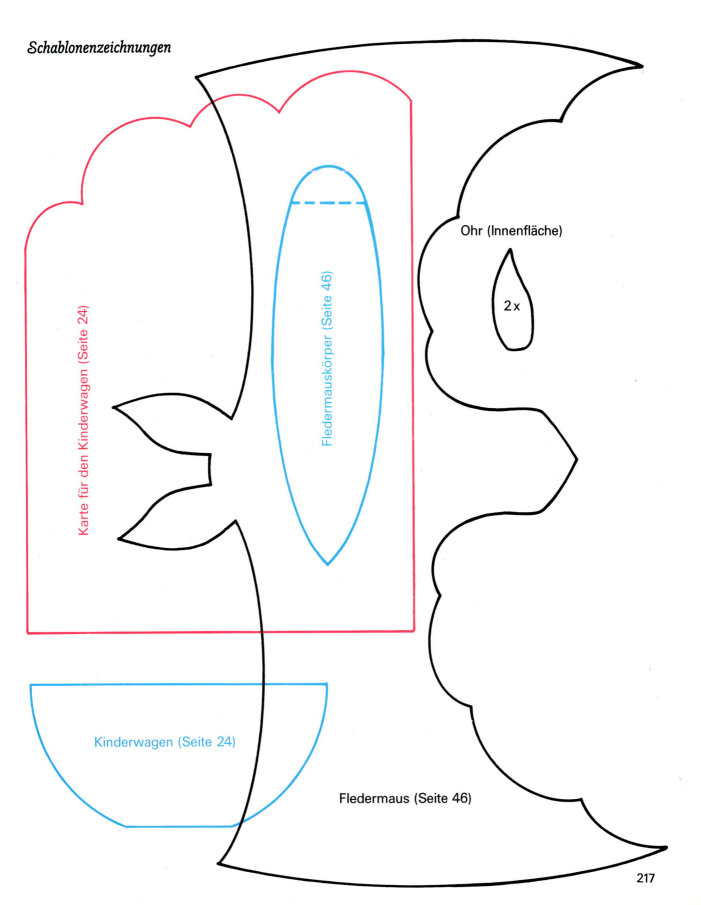

Ohr (Innenfläche)

2 x

Karte für den Kinderwagen (Seite 24)

Fledermauskörper (Seite 46)

Kinderwagen (Seite 24)

Fledermaus (Seite 46)

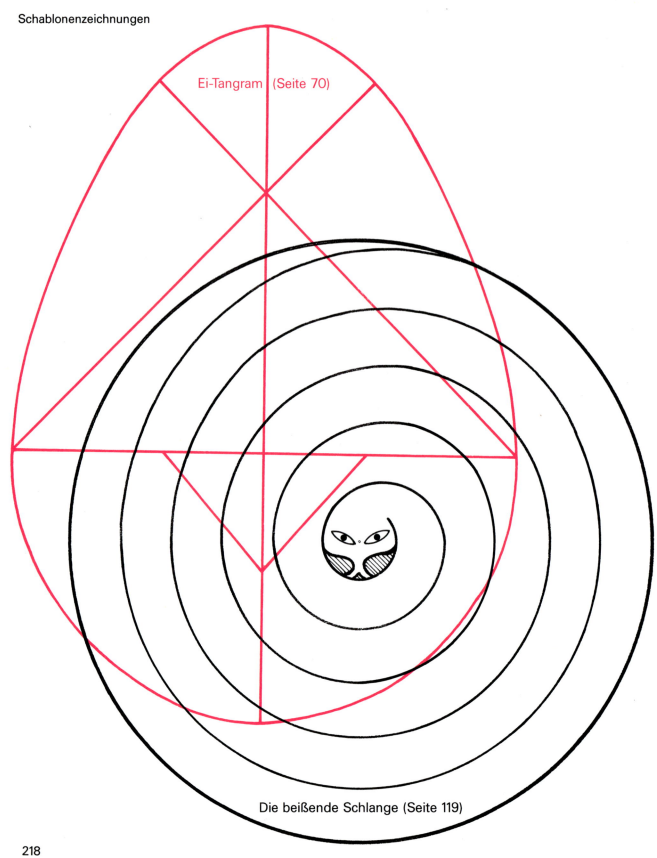

Ei-Tangram (Seite 70)

Die beißende Schlange (Seite 119)

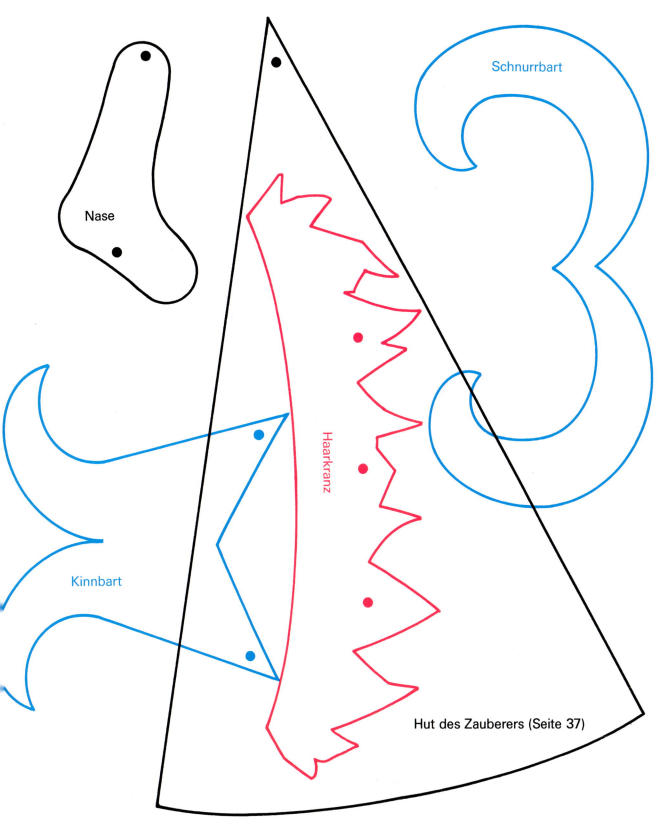

Nase

Schnurrbart

Haarkranz

Kinnbart

Hut des Zauberers (Seite 37)

Schablonenzeichnungen

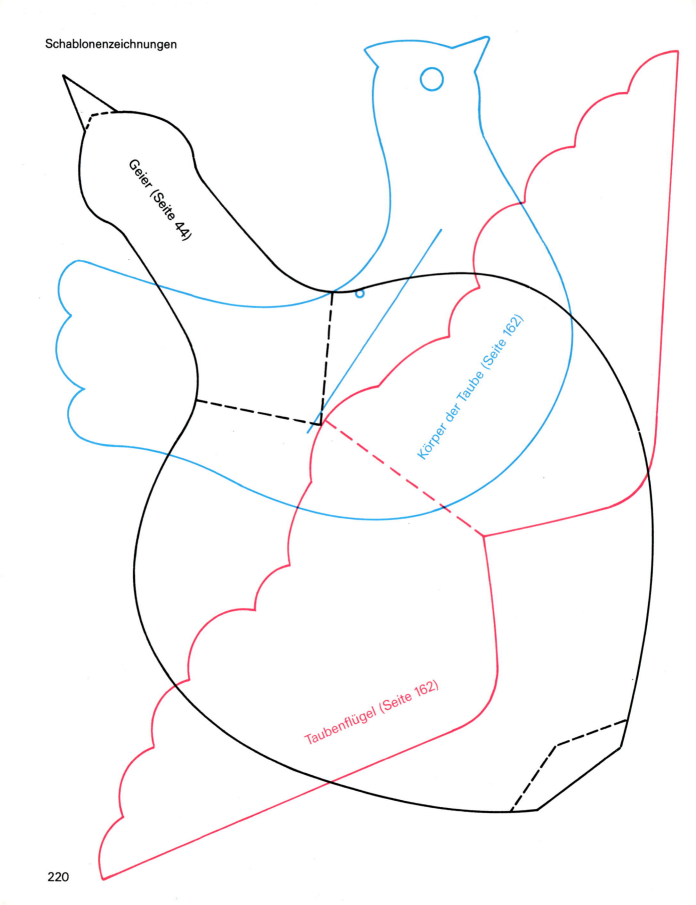

Geier (Seite 44)

Körper der Taube (Seite 162)

Taubenflügel (Seite 162)

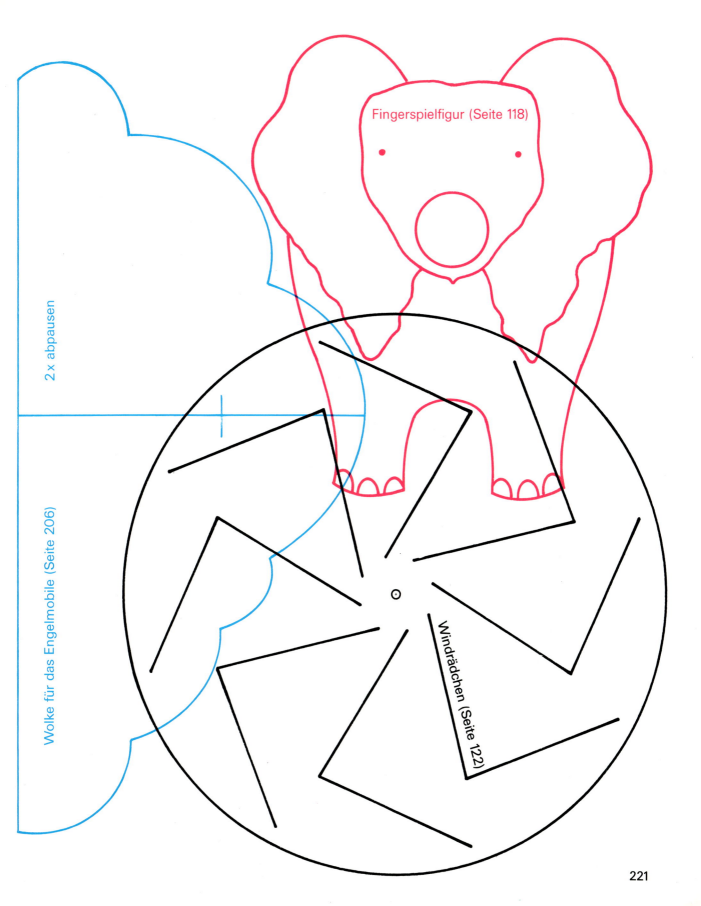

Fingerspielfigur (Seite 118)

2 x abpausen

Wolke für das Engelmobile (Seite 206)

Windrädchen (Seite 122)

221

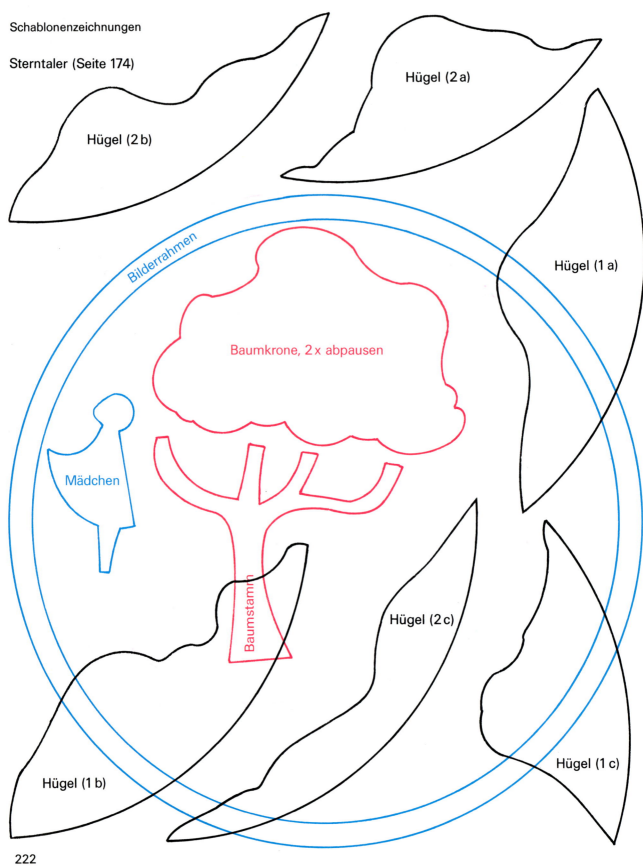

Schablonenzeichnungen

Sterntaler (Seite 174)

Hügel (2 b)

Hügel (2 a)

Hügel (1 a)

Bilderrahmen

Baumkrone, 2 x abpausen

Mädchen

Baumstamm

Hügel (2 c)

Hügel (1 c)

Hügel (1 b)

Blätter für die Frühlingswiese (Seite 58)

Busch für Schattenspiel (Seite 133)

Busch für Schattenspiel
(Seite 133)

Schablonenzeichnungen

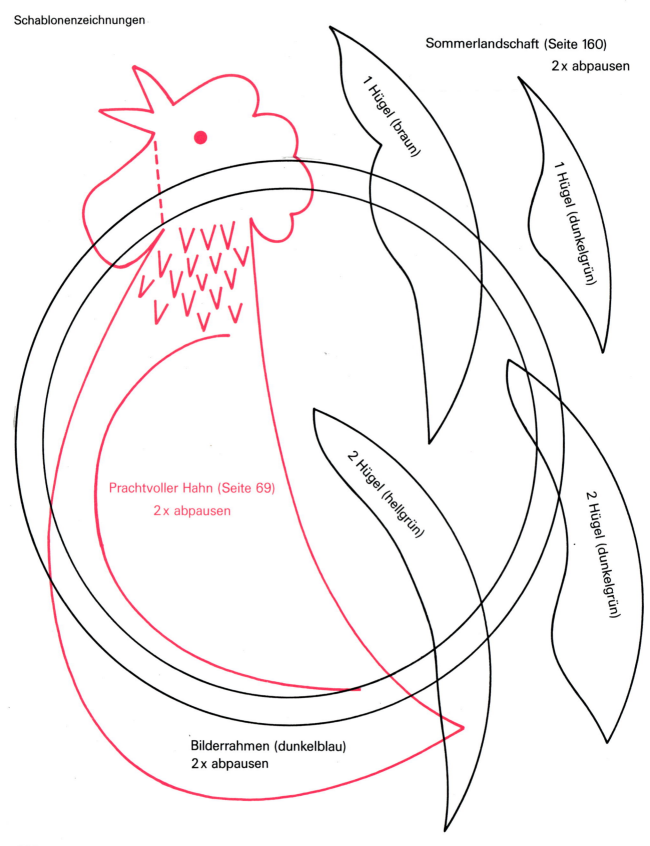

Sommerlandschaft (Seite 160)
2 x abpausen

1 Hügel (braun)

1 Hügel (dunkelgrün)

2 Hügel (hellgrün)

2 Hügel (dunkelgrün)

Prachtvoller Hahn (Seite 69)
2 x abpausen

Bilderrahmen (dunkelblau)
2 x abpausen